学生にフォーカスされた筆者（34歳）

子育て小事典

—幼児教育・保育のキーワード—

岸井勇雄

まえがき

―子育ての危機を乗り越えるために―

少子化が進む中で、子育てに不安やストレスを訴える母親が増え、虐待にまで走る例さえ急増が伝えられています。これらはすでに社会病理現象ともいうべきもので、個人を非難することで解決する次元を越えているといえるでしょう。

第一の原因は子育て経験の欠落です。私が子どもの頃、毎日近所の子どもたちと群れをなして遊びましたが、男の子でも幼い弟妹を背負ったりしていたものです。近所や親戚の子を含め、赤ちゃんを抱いたことがなくて親になるということは考えられませんでした。ところが最近では保育者養成校の学生でも、実習以前に幼児と遊んだことのある人は半数に満たず、赤ちゃんを抱いたことのある人に至っては、どのクラスでも僅か数人という実態です。

第二は、子どもに接したことがない代わりに、電化製品に囲まれ、機械を操作する生活に浸っているということです。マニュアル通りにすれば、機械はこちらの意のままに動いたり止まったりします。子どもはその対極といっていいほど、親の思い通りにはならないものです。

第三は、情報化社会で、マニュアルに該当する育児情報が溢れ、その取捨選択に迷う有様です。いろいろな情報は自分の考え方の参考にするべきもので、それに振り回されたらとんでもないことになりかねません。現に、育児書の通りにならないと言ってパニックを起こし、虐待に至った例もあります。

第四は、家庭も近隣も共同体としての機能を失い、子育てを母親に押しつける傾向が強まっていることです。かつては老若男女共同参画社会で、みんなで働き、家事も育児もそれぞれ分担はあってもみんなで助け合い、相談し合って営んできた生活が、社会の近代化によって職住分離と核家族化が進み、女性は出産と育児をほとんど孤立した状態で迎える場合が多くなっています。法的な権利の拡大とは裏腹に、実質的に女性は出産と育児という大きな仕事を、義務としてひとりで負わされている状況は問題です。

第五は、第四の事情に対抗して、男女共同参画社会を目指し、女性の社会進出を妨げている育児負担から女性を解放しなければならないとする社会の動向です。例えば、乳児期の発達課題である人間やこの社会に対する愛情や基本的信頼感は、授乳をはじめとする献身的な母親の愛護によって獲得されることを述べると、若いお母さんたちは顔を輝かせて、それでは私たちの苦労は無駄ではないんですね、と言われます。どうして学校でも社会でもそのことを教えないんですか、そのことを知っていれば、無駄な苦労だと思ってイライラしたりしないで済んだのに、というのです。

私は男女同権主義で、同じ考えの女性と結婚し、十分なことはできませんでしたが、育児も大いに手伝ったつもりで、現在も夫婦ともそれぞれ社会的な仕事を持って忙しくしているので、少しもためらわず母子関係の大切なことを述べてきました。ところが数年前から、報道関係者から、折角取材したけれど、男女共同参画社会実現の足をひっぱる母性神話と受け取られかねないので、とオンエアや掲載の断念を伝えられることが出てきました。

母性神話とは、女性は母としての価値が何より大切で、子どものために犠牲になるべき天性の美徳が与えられている、というもので、独身で通す女性、子どもを産まない女性、男性のように社会で活躍する女性に対する差別的偏見の根拠として用いられてきた観念です。こういう偏見は排除しなければなりませんが、子どもが育つには無償の愛を必要としていることもまた事実なのです。そして愛着は相互的なものですから、子どもの求める親の愛を先ず与えることなしに、健全な母子関係の成立は望めません。保育ニーズの多様化といいますが、保育ニーズとは本来子ども自身の切実なニーズなのであって、多様化しているのは親の外部発注需要ではありませんか。望ましい母子関係を守り、乳幼児期の発達課題を身につけることのできる子どもらしい生活を保障するために、父母はもちろんのこと、地域社会も保育所幼稚園も行政も、神話などではなく、子育てについての科学的事実を基に、よりよい態勢をつくらなければ大きな禍根を残すことになります。

こうした現状を打開して、子どもの一生の幸せを中心にした子育てのネットワークを創造し、子育ての喜びを共有するためには、私たちが子どもについての共通理解を深めなければなりません。そのためには先ず自分で考え、人と話し合うことが大切です。ところが、その材料となる言葉について十分な理解がないと、よい考えが生まれなかったり、話が行き違ったりすることが少なくありません。

こうしたことから、子育て（育児・保育）に関する大切な用語を選び、その正確な意味を明らかにするとともに、あるべき姿についての願いや主張をこめてわかりやすく説明してほしいというご要望にこたえ、園と家庭をむすぶ保育誌『げ・ん・き』に四〇号から七〇号まで連載したものを中心にまとめたものが本書です。

大切なキーワードを厳選したとはいえ僅か三〇数項目の小事典です。ただし、その項目ごとにはかなり詳細に述べた大事典のつもりです。一項目ごとに独立していますから、必要な項目だけじっくりお読みいただいて結構ですが、全篇を通読すれば一層よく理解していただけると思います。重複はなるべく避けましたが、その項目だけ読まれる方のために敢えて残したものもあります。何度も出てくることは、それだけ重要だと思っていただいても結構です。

最終章は、人間の成長の方向を「依存から自立と連帯へ」と考える私が、二十一世紀の担い手として幸せに生きるには、どういう人を目指して子育てをしたらいいかについてを総括したもので、「依存」「自立」などの項目を含め、本書全体の背骨になるものとしてお読みいただきたいと思います。

本書が子育て真最中の方々、保育所保育士や幼稚園教諭として保育に当たっていらっしゃる専門職の方々をはじめ、各方面の方々のお役に立つことを願ってやみません。

連載と出版をすすめてくださったエイデル研究所の新開英二編集長、お世話になった石井さん、長谷さん、山添さんに厚く御礼申し上げます。

二〇〇三年一月

著者

CONTENTS

カバーデザイン　高岡素子
イラスト　　　　木村優子

遊び（play）

不登校・いじめ・家庭内暴力・校内暴力などをはじめとする教育問題や青少年問題の原因として、現代の子どもたちが、幼い時から十分に遊んでこなかったことが挙げられる場合が少なくありません。幼児期の遊びが一生の人間形成にどのような意味をもっているのかを考えてみましょう。

「遊び」ということばは一般に「現実的な生活と離れて物事を楽しむこと」とか「好きなことをして楽しむこと」とかいうような意味に用いられています。これはいわば、現実の生活に必要で、好むと好まざるとにかかわらずしなければならない「仕事」の逆です。「仕事でないこと」とか「仕事をしないこと」とか「ゆとり」の意味にも用いられます。

人によっては、遊びは有意義な価値を生み出さないものであるのに対し、仕事は有意義な価値を生み出すものであると定義しています。このようにこの両者は常に反対の側ないし対極に立つものとして認識されているのが普通です。「遊びと仕事のけじめをつけて」とか「よく学び、よく遊べ」といった標語も、こうした両者対立の概念を基に唱えられていることは確かです。しかし、果して本当にそうでしょうか。

■同じテニスも私たちがすれば遊び　プロにとっては仕事

実は、遊び（ＰＬＡＹ）も仕事（ＷＯＲＫ）も活動（ＡＣＴＩＶＩＴＹ）です。それも目的的であり、全身的であり、具体的である活動です。仕事には目的があるが遊びには目的がないという考えがありますが、遊びにも、勝つ・作る・楽しむなどの目的が存在します。

したがって、その目的がうまくいったときには「やった」という達成感が、うまくいかなかったときには「だめだ」という挫折感が生まれます。達成感は「よろこび」という感情の、挫折感は「かなしみ」という感情の母体です。したがって多くの達成感や挫折感を経験することは、情操・意欲・創造という、人間だけに与えられている高度な精神活動の基盤となります。

達成感ばかりを経験した子どもは、挫折に弱い人間になるでしょう。挫折感ばかりを経験した子どもは、自信も挑戦する意欲ももたなくなるでしょう。成功も失敗も必要なのです。成功七分に失敗三分ぐらいという考え方もありますが、実際の人生はどうでしょうか。たとえば日本のプロ野球でリーグ優勝できるのは六球団のうち一球団で、二位になれば監督の首がとぶほどであるうえに、日本シリーズに敗れればまた同様の憂き目にあうわけで、達成感を得られる球団は十二分の一ということになります。これは一つのたとえですが、いろいろな要素や条件を考えれば、せいぜい五分五分というあたりになるのではないでしょうか。

こうした割合を、保育者が考える以上に、自然に経験できるのが遊びです。子どもは遊びの中で無数の成功と失敗を経験します。成功に励まされ、失敗にこだわらず、何度でも挑戦してよろこびやかなしみを味わいます。

ゆたかな情操もたくましい意欲も、このよろこびやかなしみの数多い体験、それもあるときは浅く、あるときは深くといった幅広い体験によって育つのです。また失敗を成功に転ずるためには、同じ方法ではだめで、いろいろなやり方を考えだす必要があります。遊びの中でこそ創意工夫は連続的に行われ、創造力が育ちます。課題を与えるよりもずっと、子どもの必要感が強く働くからです。

そして、遊びも仕事も、初めてのことは決してうまくいくものではありません。何度も練習を重ねるうちに、次第に上手になるのです。子どもたちは遊びの中で、自分が下手であることを一向に苦にせずに幾度となく挑戦し、その技能を向上させていきます。遊びの中で自己課題を見出し、猛練習を重ねるのです。

さらに遊びも仕事も、一人ですることも大切で、そのよさも十分ありますが、二人ですれば二倍以上に成果があがり、大勢ですればスケールの大きな結果が生まれます。これも共通です。一人で遊ぶ楽しさ、気の合った数人の友だちと遊ぶ楽しさ、そして学級全体で遊ぶ楽しさはそれぞれに代えがたいものがあります。

このように見ると、遊びと仕事とは、そのほとんどが共通する性質の活動です。繰り返せば、目的があること、頭も体も使うこと、具体的であること、達成感と挫折感を伴うこと、練習の効果、協同の効果が大きいこと、などです。

遊びは自由で、個人的で、責任を伴わず、消費的で、連続的興味によってのみ支えられるのに対し、仕事は定められたもので、社会的で、責任を伴い、生産的で、耐久的努力によってのみ支えられると一般にその差異を指摘することができますが、よくつめてみれば、それらはすべて相対的な差でしかありません。

遊びが自由だといっても、でたらめが過ぎれば成り立たず、友だちに相手にされなくなります。いろいろと義務や責任を伴うのです。消費的といいますが、それは大人の目から見た場合で、子どもにとっては必要な物を作り出す生産的な活動であることが多いのです。連続的興味を基本的に必要としますが、耐久的努力なしには続かず、盛り上がったり大きな楽しさが生まれることもありません。子どもたちは遊びの中で、知らず知らずのうちにこうした努力がよい結果を生むことがわかり、実際に努力する習性を身につけるのです。

■他人の幸福と自分の幸福のために献身的に尽くすような人間に

こうしたことから、キンダーガルテン（幼稚園）の創始者フレーベルは、一八二六年に著した主著『人間の教育』の中で、幼児期の遊びについて次のように述べています。

力いっぱいに、また自発的に、黙々と、忍耐づよく、身体が疲れきるまで遊ぶ子どもは、また必ずや逞しい、寡黙な、忍耐づよい、他人の幸福と自分の幸福のために、献身的に尽くすような人間になるであろう。この時期の子どもの生命の最も美しい現われは、遊戯中の子どもではなかろうか。——自分の遊戯に没頭しきっている子ども——遊戯に全く没頭しているうちに眠りこんでしまった子ども——ではなかろうか。

この時期の遊戯は、すでに前に述べたように、たんなる遊びごとではない。それは、きわめて真剣なものであり、深い意味を持つものである。母親よ、子どもの遊戯をはぐくみ、育てなさい。父親よ、それを庇い、護りなさい――

（荒井武訳『人間の教育』（上）岩波文庫七一～七二頁）

■人生で必要な知恵はすべて幼稚園の砂場で学んだ

個体の発生は系統の発生を繰り返すという生物学上の仮説的大原則があります。子宮内に着床した受精卵の姿は魚類のそれに酷似しており、生命が太古の海から発生したことを示しています。胎児はやがて他の哺乳類の胎児に似、霊長類の胎児に似、最後にヒトの胎児らしくなって出産します。僅か九カ月の間に、母胎の中で人類進化の歴史が繰り返されるのです。

出生後の成長・発達がまた同様です。這い這いは四つ足の名残りです。人類が文化を獲得するために最も重要な条件は直立歩行でした。それまでは体重を支えることと体を移動することに使われてしまっていた四本の足のうち、二本が解放されて手となったのです。

物を掴む、振り回す、叩く、投げる、ちぎる、折る、砕く、掘る、埋める、積む、崩す、立てる、倒す、というような作業が可能になりました。木や石や土や水などの素材に取り組み、それを使って獲物を捕らえ、衣服を作り、住居を整えるに至りました。数の概念についても、両手の自由の獲得と深い関係があります。指先の使用と脳の発達との関連の深さや、現在世界に普及している十進法の根拠が数学的なものではなく、両手の指の数を単位にしたと考えられることもその一つです。

こうした姿は、まさに遊びを中心とする幼児の生活に重なり合うものです。幼児は、水や土や砂や木などの自然物、段ボールや箱積木などの素材を好んで遊びの材料にし、大人が手を出すのを振り切って失敗を繰り返しては工夫し、幼児なりに何かを作っては飽きずに遊びます。

それは、子どもは自分の中に育ってきた力を必ず使おうとするという自発的使用の原理によるもので、一人ひとりの発達に即したものなのです。

また遊びの中で自然に発生するトラブルがあります。たとえば一つのボールを取り合っていると誰も使えないことを知ります。そこで順番を決めれば、待つことによって交互に独占して使えることを知ります。さらに、中当てドッヂボールのような簡単なルールを作れば、大きな輪を描くだけで、一つのボールで同時にみんなで楽しむことができることを知ります。これは社会のルールが発生する過程を繰り返すもので、葛藤場面を通じて自己をコントロールすることを知る経験でもあります。

子どもたちは学校へ上がって今日の文明を系統的に学習します。その前に人類がそれをつくり出す経過を最小限体験しておく必要があるのです。教育というと結果を教えることと考えて、遊びを軽視した結果、幸せに生きる力も学ぶ力もない子の悲劇を生んでしまいました。

現行の幼稚園教育要領には「幼児の自発的活動としての遊びは、心身の調和のとれた発達の基礎を培う重要な学習である」とされ、保育所保育指針には「乳幼児期にふさわしい体験が得られるように遊びを通して総合的に保育を行うこと」とされています。これらの規定は、乳幼児期の発達課題である愛情、信頼感、自立感、自律感、有能感といったものが、この時期にふさわしい、遊びを中心とした生活によって保障されることが確認された結果生まれたものです。

アメリカで有名になったロバート・フルガムの「人生で必要な知恵はすべて幼稚園の砂場で学んだ」

という本の名も、そのことを象徴的に示したものといえるでしょう。

しかし遊びがいかに人間形成に必要だからといっても、やらせたのでは遊びではなくなります。「○○あそび」と称しても、それが「やらせ」では、終わったとたんに子どもは「もうあそんでもいい？」というでしょう。

子どもらしい遊びが生まれ、その中で多くのものが得られるような環境を子どもと一緒に工夫すること、これは実にやり甲斐のある楽しい仕事なのです。

いじめ（bully）

自分より弱い立場の者に対してわざと苦痛を与えて快感を味わうことを「いじめる」といいますが、それが学校生活の中にひろがり、一九九四年大河内清輝君が詳しい事実を書いた遺書を残して自殺したことから文部省が「いじめ対策緊急会議」を開くなど「いじめ」という名詞が定着し、公式にも用いられるようになりました。彼は四人の子から川へ落とされたり、殴られたり、百万円を脅されて取られるなど、その陰惨さに社会は衝撃を受けました。現在では「自分より弱い者に対して、一方的継続的に、身体的精神的な攻撃を加え、相手に深刻な苦痛を与えること」と定義されます。

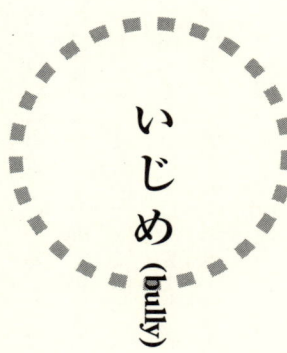

■いじめの重大性

いじめには当然、いじめている子（加害者）といじめられている子（被害者）がいますが、そのほかに、はやし立てたりして面白がっている子（観衆）や、見て見ないふりをする子（傍観者）がいる場合があります。さらに、自分では気づかずにいじめに加わっている場合など、積極的ではなくても結果として加害者に加担している場合も少なくありません。また反対に、いじめられている子と仲よしの子、いじめを打ち明けられた子、いじめられている子がかわいそうだと思っている子、いじめられている子を助けたいと思っている子もいる訳で、直接・間接にいじめにかかわっている子は発生件数の数倍ないし数十倍に達するものがあると考えられます。

現代の教育問題は、校内暴力に始まり、家庭内暴力、いじめ、不登校、学級崩壊と、とどまるところを知らないありさまですが、校内暴力や家庭内暴力の初期が主として物を破壊することに向かい、次に教師や親という、自分を抑圧してきた力ある者に向かったのに対し、いじめは何のうらみも罪もない友だちの、しかも自分より弱い者に向かうという陰湿、卑劣な行為であり、しかも相手を死に到らしめる場合も少なくないという重大、悪質なものです。

そしてそれを摘発し、糾弾したら解決に向かうかと言えばその逆で、ますますいじめは陰険なものになり根深くはびこるようになるでしょう。いじめられて死んだ子に、なぜそんなにひどい目に遭っているのに親に言わなかったと嘆くのは間違いです。いじめられて初めていじめの本質がいやというほどわかるのです。親に言えば先生に伝わり、みんなに伝わり、解決どころか地獄が深まるのです。

あとで述べるように、幼児期の行動に本格的ないじめはまだ存在しないといっていいでしょう。いじめは小学校中学年から高学年へかけて顕在化し、中学一、二年でピークに達し、高校では沈静化する傾向を示しています。一過性というほど単純なものではないにもせよ思春期を中心とする不安定な精神状況の中で生まれ、やがて卒業していくものであるとすれば、そこで絶望を余儀なくされることの悲劇性は重大といわなければなりません。

■いじめはなぜ発生するのか

幼児たちが自由に遊んでいるところを観察すると、ふざけて頭をたたいたり、服を引っ張ったり、おもちゃを取り上げたりすることがよくあります。その動機は、その子と仲良くなりたい、もっと親しくなりたいというその子の気を引くために手加減をしながらするのが最も多く、相手に危害を加えたり、自分が欲しいから取り上げるという場合は、二、三歳の頃を除いてはあまり多くないようです。

それに応じて相手の子も、同じような行動をとってやり返せば、楽しそうにふざけ合って遊ぶことになるのですが、相手が黙っているか強く反撃するかによって、そこでやめてしまう場合と一層強く攻撃する場合とに分かれます。やめてしまう場合は親しくならずに終わるのですが、強い反撃にさらに強い攻撃はけんかになり、黙っている子への強い攻撃はいじめにつながる恐れがあります。

双方が対等かそれに近い感じでやり合うのは、それが手加減をしていればふざけていやがらせをし合っているのであり、手加減なしならけんかであって、いじめではありません。ふざけ合いもけんかも相互的なもので、それぞれ仲良くすることの楽しさやけんかすることのつまらなさを原体験するという意味がありますが、一方的ないじめは双方に深い心の傷を残すことになりかねません。

いじめにつながる恐れのあるのは、イヤダと言えない子と、ほかに楽しみのない子との不幸な組合せなのです。

いじめに走る子は、自信のない子です。学校でのいじめの加害者たちは、学校生活の中で自分が活躍し正当な評価を与えられる場がなく、自分が認められていることから生じる自己肯定感や自己効力感を持てないことから、自分より弱い者をいじめて自己の力を確認しようとしている場合が多いのです。また集団で個人をいじめることが多いのも、彼らが自立する力が弱く、孤立に耐えられず徒党を組むことで自己の弱さをカバーし、孤立していじめられる子に対する優越感によって自分たちの劣等感を補償しようとしているのです。

その直接の原因は、飢えた狼の群がおとなしい羊を見つけたということになりますが、現在の学校教育が進学競争で飢えた狼を生み出す条件をつくり、親のしつけ、教師の学級経営がそのことと軌を一にする方向でこれまでやってきたということが基本的な原因です。さらにさかのぼれば、乳幼児期の原体験に根本的な原因があると考えられます。

■いじめを生まない育て方

自己肯定感の原体験は、乳幼児期に十分に愛されることです。自分の不具合を泣いて訴えると、昼夜を問わず裏切ることなく、授乳やおむつの交換をやさしく言葉をかけながらしてくれる母親（またはそれに代わる養育者）の存在と、幼児一人ひとりを差別や偏見から守り、その個性や発達要求の現れである遊びを十分に保障しつつ集団の中での自己実現を支えてくれる保育者の存在がその要《かなめ》です。

えこひいきは論外ですが、「A子ちゃんが一番早かったね」「B男ちゃんの方が上手ね」といった序列的評価は感心しません。「みんながんばった」「それぞれよかった」「みんな自分の得意なものを出し合ったから楽しかったね」と、友だちとの比較ではなく、自分自身として努力することの値打ち、みんなのために必要なメンバーであることの喜びをわからせ、特に、初めてすることは下手くそだけれど、何度もするうちにだんだん上手になるという自信、有能感を持たせるような保育が大切です。

価値基準が一つだと必ず序列がつきます。ワールドカップで優勝を争うのはゲームだからであって、それを民族や国の優劣の尺度にされたらたまったものではありません。それぞれ異なるところがいいのであって、同じだったら面白くもなんともないのです。

いじめの口実に使われるのは、汚い、臭い、髪がちぢれている、小さい、おとなしい、頭がいい、頭が悪い、どんくさい、生意気、ヒイキされている……。などなどほとんど正当とはいえない理由です。わが国ではチビ、デブ、ノッポ、ノロマ、セッカチなど、標準をはずれたら直ちに差別用語になる傾向がありますが、これからの国際社会で通用する日本人になるためには、人種も年齢も、見かけも人格も知識も意見もさまざまで異質な人々と自由に平等に愛し合って生きていかなければならないのです。

そのためには、自分で考え自分で行動し自分で責任をもつ自立と、人の痛みや喜びをわがことと感ずる連帯の能力を幼児期に培っておく必要があります。

以下は、自分自身の幼少時の体験からの付言です。

子どもの頃、近所の仲間といっしょにトンボを捕えてはお尻にマッチ棒を挿し、火をつけてロケットだと言って飛ばしたり、蛙の生体解剖など残酷なことをして遊びました。そのたびにいやな気分が蓄積されてきて、ある日「ぼくはもう大きくなったから、悪いことはしない」と宣言した覚えがあります。

今の子どもたちはそういう環境がない上に大人たちから管理されていて、残酷なことをしてみたいという気持ちを抑圧したまま中学生になって初めてするのがいじめではないかという気がします。幼いうちにやって、その後味の悪さを知り、したくないという気持ちをもつことも必要なのではないかということが一つです。

小学生の時、クラスで一番先生がほめる成績のいい友だちの絵に手を入れてダメにしたことがあります。明らかに「ねたみ」の気持ちでした。しかし、その後味の悪さは今も引きずっていて、人をねたむことの恐ろしさを教えてくれています。

まだあるのですが、こうした悪事を重ねたことにより前非を悔いて現在の自分があることを思うと、人を責める気がしません。この良心はどこから来たものでしょうか。それは神から人間に与えられたものであると同時に、父母や先生から、愛されつつしっかりと教えられることによって守り育てられたものであることを忘れることができないのです。そしてその、自分の最大の味方である父母や先生を相手にイヤダ!を連発したことも、悪友のいじめや誘惑を排除する力を養うことに結びついたと考えています。

依存（dependence）

人間の出発点である新生児つまり赤ん坊の状態を一言で言えば「依存」ということに尽きます。依存ということばは○○依存症のように何かに頼らないと生きていけないことをいい、マイナスのイメージが強いのですが、人間の出発点が依存であることの意味はきわめて大きく、むしろプラスのものとして考えるべき点が少なくありません。

■世界に開かれたシステム

人間の子がただ泣くばかりで、自分では何もできない状態で生まれてくるのに対し、他の哺乳動物の子は、産み落とされると親になめられながら起き上がり、親の後をついて歩けるような、少なくとも一緒に生まれたきょうだいと争って親の腹の下へもぐり込んで乳を吸うような状態で生まれてきます。他の動物を押し退けてこの地球上に文明社会を築き、環境破壊までもたらしている有能な人間の出発点が、他の動物より無能である理由は、スイスの動物学者ポルトマンによって次のように説明されました。

大きな脳を持つ人間の場合、一人の人間として巣立つことができるようになるためには非常に長い神経生理学的成熟期間を必要とし、他の動物並みに成熟するのを待てば、ほぼ一年間、つまり乳児期に該当する期間が必要で、それでは母子共に危険になるので、結局未熟な状態のまま生理的つまり通常の姿として早産をしているというのです。

いわば出生後はほとんど増殖も再生もできない百四十数億個の脳神経細胞を全部揃えて生まれなければならない人間の宿命で、高度な潜在能力を確保するための未熟な乳幼児期なのです。ポルトマンはさらに、「人間は世界に開かれた系として生まれる」として、動物が先天的な、本能と呼ばれる反射のシステムを内蔵して生まれ、環境からの刺激に拘束された行動で生きるのに対し、人間は生まれると同時に開始される後天的学習を必要とし、そのためにこそ生理的早産が必要で、しかも有効なのだと説いたのです。

この生理的早産のおかげで、人間の赤ちゃんは全面的に保育者に依存する必要があり、そのため保育者との人間関係を媒介として社会や文化と接続することになります。大脳生理学によれば、脳の発達は脳神経細胞の一つ一つからシナプスと呼ばれる絶縁体が伸び、それが複雑に絡み合って回路を形成するもので、百四十億個以上の細胞の一つ一つから七千本以上の枝分かれが出て配線されるので、そのでき方の可能性は無限にあるといってもいいでしょう。しかもその回路は保育者を中心とする周囲の人の行動様式をモデルにして作られると考えられます。

それは三歳の頃までに大きな枠組みができ、六歳の頃までにその自発的な使い方を覚えるとされています。一九二〇年インドで発見された狼に育てられシング牧師夫妻に人間らしく育てなおされた二人の少女の例も、その記録を信ずればこのことと一致します。

「世界に開かれている」と言えば、ペルーのフジモリ大統領などを思い出します。彼は人種的に言えば完全に日本人としての形質を遺伝されています。しかし彼はペルーで生まれ育ち、ことばをはじめとするペルーの文化を学び、それを使って考え、行動してペルー人の代表者になったのです。容姿は日本人でも中身は全く日本人ではなくペルー人です。つまり人間は、生まれてからの学習のすべてを環境に依存しているのです。

■名誉を回復したオンブにダッコ

生理的早産説のおかげで、日本の子育てのしかたが名誉を回復しました。第二次大戦後日本のやりかたのほとんどすべてが批判されました。確かに改めなければならないことが多かったのですが、中には不当なものもありました。日本式のオンブにダッコの子育ては子どもを母親に縛りつけて自由を奪い、さらに寝かしつける時に背中を揺すったり叩いたりしているのは軽い脳しんとうを起こさせている。だから日本人は頭が悪くなり、愚かな戦争をしたのだ、とまで言われたのです。

一方、アメリカの研究によると、人工乳で育てられた子が、母乳で育てられた子に比べて情緒障害を起こす率が高いことが明らかになり、彼らはその原因を追求したのですが、調べれば調べるほど人工乳はよくできていて母乳の成分をすべてバランスよく含んでおり、反対に母乳の方が母体の健康、食事、心理状態などに左右されて極めて不安定であることがわかりました。にもかかわらず授乳を受けた子の情緒は逆の結果を示すのです。

ところが、日本での調査によると、両者に有意の差が出なかったのです。原因は母親の授乳態度にありました。

日本の母親は、人工乳を授乳する場合も母乳の時とほとんど変わらない抱き方をし、優しく声をかけながら授乳するのに対し、アメリカの母親は子どもをベッドに寝かせ、自分は立ったまま補乳ビンを上から口に含ませ、飲み終わるとさっと取り上げて行ってしまうのを目撃したことがあります。授乳は栄養の供給であると見るアメリカ合理主義の現れと思われます。

生理的早産説に立てば、乳児期は準胎児期というべき時で、本来なら母親の胎内にいる状態です。胎児は温かく包まれ、ある程度体が自由に動き、母親が健康であれば出産直前まで立ち働いていますから、母親といっしょに揺れている状態――これはまさにオンブにダッコではありませんか。

国立小児病院名誉院長の小林登氏によれば、アメリカの研究で、正面から乳児を母親に渡すと必ず左の胸に抱くとのことです。左の胸に抱かれた乳児は、胎内で聞いていたドドッドドッという母親の心音を聞いて情緒が安定します。日本の母親は乳児を左の胸に抱いて右の手の哺乳ビンで授乳することで、体の栄養と同時に心の栄養を供給していたということになります。

ハーロウはアカゲザルの子どもを母親から離し、その代わりに布製と針金製、それもミルクの出るものと出ないものという四種類の母親模型を与えて実験しました。その結果、子ザルはミルクよりも肌触りのよさを求めるものであることがわかりました。従来の心理学で、子と母は食べ物を求め与えることによって愛着が生まれると考えられていたことがくつがえされたのです。

さらに、機械じかけの怪物を与えると布製母親にしがみつき、十分な安心感を得るとその怪物に立ちりました。

このことは、十分に依存できる対象の存在が自立のために必要であり、その存在に依存することによって子どもは自立し、さらに社会関係までもてるということを示しています。子どもにまつわりつかれた親が、子どもを突き放そうとすればするほど子どもはしがみつく道理で、十分に抱きしめてやれば、そのことで依存への欲求が充たされ、親の手をかいくぐって子どもは自立していくのです。

■十分に依存させて甘えを脱却

依存に関連して「甘え」ということがあります。土居健郎氏が精神分析の立場から日本人のパーソナリティを理解する鍵として「甘えの構造」を論じたことが発端となり論議を呼んだことがあります。日本人のしばしば用いる言葉に、「人をなめてかかる」とか「ひがむ」とか、甘えに関連した語彙があるのに対し、それに相当する欧米語が見当たらないのは日本人特有の心性であるとしたのに対し、甘えとは実は依存要求であって、民族性などを超えた人間不変の要求であるとする考えが再確認された形となっています。

しかし、「しつけ」の項目で触れたことですが、アメリカで幼い子どもに「サンキュー」「エクスキューズミー」「プリーズ」と言わせる親の姿が印象的だったのは、その理由に有りました。「ひとにはそれぞれ大切な生活があり、それを妨げる権利は誰にもなく、妨げられる義務は全く無いのです。それをあなたのために使ってくださったら『ありがとう』を、迷惑をかけたら『ごめんなさい』を、お願いするのなら『どうぞ』を言わなければなりません」

合衆国という他人同士が集まって人為的に作られた社会では個人の権利の尊重が前提です。自然発生的地縁血縁社会の日本では、知り合い同士が前提でしたから、親切にし合って当たり前、迷惑をかけ合って当たり前という感覚があって、「もう少し親切にしてくれたってよさそうなものじゃないか」などという気分があります。「イフユープリーズ」は権利も義務もないから「もし喜んでしてくれるなら」と頼む礼儀なのです。日本でそんなことを言おうものなら熱意も誠意もないと判断されてしまいます。「そこを曲げて何とか」「是が非でも」と頼まなければならないのです。これまた直訳したらとんでもないことになります。

個人主義合理主義の近代は自己責任の自由競争社会で、自立の教育が目指されるのに対し、封建的な前近代社会は、親、先生、お上が絶対で、それに服従することによって可愛がってもらうという依存の教育が支配的でした。こうした歴史的背景もあって、日本人の心性に甘えが存在することも事実なのです。

行政による規制が最小限に向かい、国際化自由化の中で他人同士が競争・協調して生きなければならないこの新世紀に依存は許されません。そのためにこそ乳幼児に十分な依存を与え、それを充足して心ゆたかにたくましく生きる子どもたちをいま育てる必要があると痛感します。

遺伝と環境（hereditary and environment）

■優勢だった優生学

「氏《うじ》か育ちか」といって、人間の個人差が生まれつきのものか、生まれてからの生育環境によるものであるかは、昔から問題にされてきました。

学問、特に科学の研究は、一人の天才的な学者によって大きな進歩が見られると、すべてがそれに引きずられてバランスを失うことが少なくありません。メンデルが遺伝の法則を発見したこともそうでした。

これまでいわれていた「ウリの木にナスビはならない」どころか、メシベとオシベの交配の組み合わせによって、どういう色や模様の花が生まれるかの割合が計算できるようになったのですから、すべては両親からの遺伝形質によって決まると世間が思うようになったのも無理からぬことでした。

また、家系研究も盛んに行われました。有名なのは、ヨハン・セバスチャン・バッハの家系で音楽家が輩出していること、ダーウィンの家系で優秀な人が多いこと、一方アメリカのカリカク家では犯罪者や売春婦などが続いていることなどが発表されたのです。

そこで流行したのが優生学です。よい子を生むためには相手を生物学的に選ばなければいけないという品種改良のような考え方です。

相手の家系に精神薄弱や精神病質のほか遺伝の疑いある病気の人がいないかどうか。反対に遠縁にでも優れた学者や芸術家がいればたいへん結構といった具合です。互いの人格と愛情で選ばれるべき結婚に、相容れぬ要素が介入した結果多くの悲劇が生まれました。優生学はナチによる断種や、スウェーデンでの福祉政策にまで取り入れられ、偏見によって差別された人々は子孫を残すことまで奪われたのです。

一方、人々から隔離された状態で生育したと考えられる子ども、野生児について四十二例を集めたR・M・ジングや、よく知られるカマラ、アマラについて研究したアーノルドゲゼルの報告などが注目を浴びました。

これらの野生児の例を通じていえるのは、人間らしさを身につけていなかった、ということです。人間の特徴といえば、直立二本足歩行、言語の使用、火の使用、調理の習慣、道具の使用、着衣の習慣、涙を流して泣き、声をあげて笑うなどの豊かな感情とその表現、思考をはじめとする高度な精神活動……などが挙げられますが、彼らはそのほとんどすべてをもたず、代わりに一緒に生活していた動物の行動様式を身につけているのでした。

野生児の記録についてはその信頼性に問題を指摘する向きもあり、それだけを根拠にすることはできませんが、人間の子として生まれても、人間的環境に置かれなければどうなるのかという実験が人道上許されるはずがない以上、発生してしまった不幸な結果の観察は、推測を裏づける貴重な資料といえるでしょう。

反対に、非常に優秀な類人猿の子を、生後すべて人間の赤ん坊と同様の扱いをして育てたアメリカの女流の心理学者がいます。結果は、三歳ぐらいまでは三輪車に乗って遊び、ナイフとフォークで食事をするなど、ほぼ人間と同様の発達を見せました。しかしそれ以上には進みませんでした。その主な原因は言葉という信号系とそれを操作する思考の可能性をもちあわせていなかったからです。

■人間として生まれさえすれば

結局、人間の子として生まれ、人間的な環境の中で育てられなければ人間らしい人間にはなれない、ということです。

ある時期、「人間の子として五体満足に生まれさえしたら、あとは環境次第」ということがいわれました。健康な子どもと保育園の設備を自分に与えてくれれば、その子を芸術家だろうと泥棒だろうと、何にでもしてみせると豪語したワトソンという心理学者もいたほどです。

現在では、「障害の有無にかかわらず、人間として生まれさえすれば、あとは環境次第で幸せな生涯を送ることができる」と考えられるようになりました。三重苦のヘレン・ケラー女史のように、サリバン先生との出会いによって健常の人も及ばぬ充実した人生を送ることができるのです。最近では『五体不満足』の乙武洋匡さんの例が典型的です。胎児性水俣病のような場合は、人間として生まれることを妨

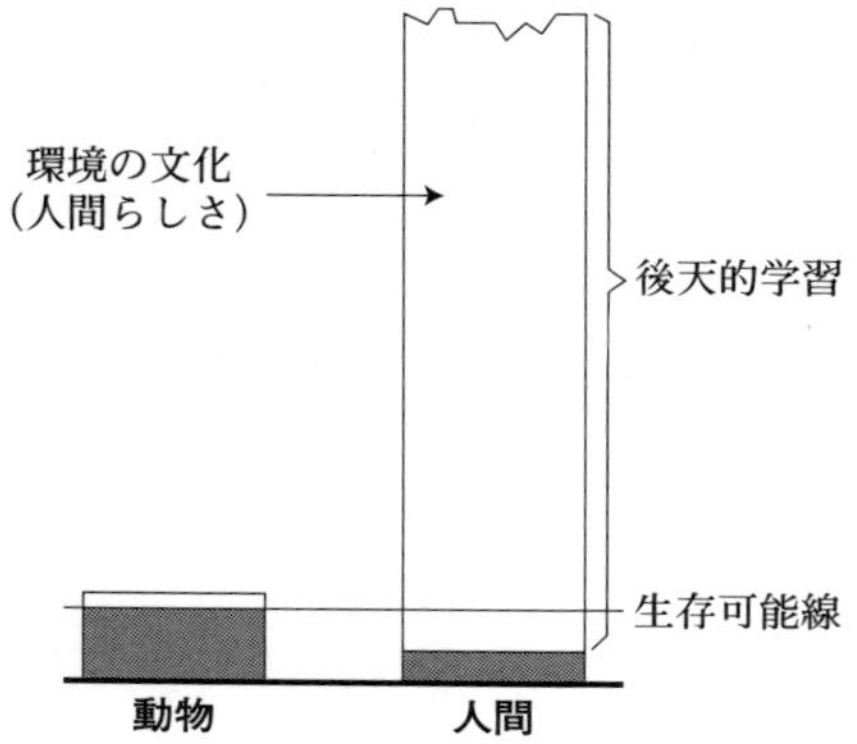

げられた悲劇というほかありません。

考えてみれば、バッハもダーウィンも、カリカク家に生まれ育てば、あれだけの業績を挙げることはできなかったでしょう。家系研究法の事例は遺伝の例として挙げるよりも、家庭環境の人間形成に及ぼす影響の事例として挙げるべきものであったのです。

また、人間としての遺伝、人間的な環境の双方が必要であるとしても、それは単なる足し算ではなく、どちらかがゼロであれば結果はゼロであるという意味では掛け算です。さらに両者が受動的に掛け合わせられるのではなく、人間自身の能動的なかかわりによる相互変化の視点から、発達を遺伝的素質をもって誕生した個体と環境との相互作用の過程として動的にとらえることも大切です。

右の図は、人間と動物のトータルな能力を比較したつもりの図です。

私たちの知識・技能は一代限りで、遺伝することがありません。漢字博士の子も字一つ知らずに生まれてくるし、名ピアニストの子も全くピアノが弾けません。私たちがもっている知識や技能は、すべて生まれてからの後天的学習によるものです。

学習されるのは環境の文化です。狼の行動様式であったり、バッハ家の文化であったり。ですからポルトマンのいう「世界に開かれた系として生まれる」人間は、人種よりも育った国の文化を身につけてその国の人間になるのです。

動物は生きていくための反射のメカニズムを内蔵して生まれてきます。これがいわゆる本能で、後天的に学習することはあまりありません。人間は生存可能な最低ライン以下で生まれ、満一歳で動物と同じ線に追いつきますが、その後一生の間に学習する量は実に巨大です。

こうしたことから動物はほとんど素質で生きることになります。したがって血統書や品種改良に意味があるのです。サラブレッドの優秀な種馬がイギリスから数十億円で輸入されたと報じられましたが、種つけ料で十分ペイできるのだそうです。ひがむわけではありませんが、人間にこうしたことはあり得ません。なぜなら素質は学習可能性で、実質は環境との相互作用の中で後天的に獲得されるのですから。

■潜在的能力を生かす学習環境

知識・技能が全く遺伝しないのに対して、皮膚の色や目鼻立ちや体格、体質などの肉体的属性は遺伝的要素から成り立ち、さらに性格などの心理的特性も遺伝的要素が強いとされています。しかしその体格でさえ、戦前と戦後の青少年に著しい差が出るなど、生活様式や食生活などの環境条件が大きく影響することが証明されています。体質改善もある程度可能です。

私は両親から短気な性格の遺伝を受けた実感があります。高齢だった父が、バスの中で人に足を踏まれたと怒って帰ってきたので、その人も急ブレーキでよろけたんだし、バスの運転手さんは大型二種免をもっていて緊急時以外は急ブレーキを踏むはずがなく、子どもが飛び出したのかも知れない。その親の監督も……とまでいうと、おまえの話は近頃の責任転嫁の風潮そのものだ、教育者のはしくれとして情けない、と怒るので、踏んだ人を怒るよりも、原因を全部考えて、例えばバス通りに子どもが飛び出さないで済むように根本的に解決する方が大事なんじゃないの。私憤よりも公憤だよ。そうか、それで最近おまえはあまり腹を立てなくなったのか。そうかも知れないね。そういう勉強を誰のおかげでさせてもらった。それは、お母さん亡きあと、男手一つで育ててくれたお父さん、先生、友だち、本、みんなのおかげだよ。そうか、わかっていればよろしい。――これで一件落着でした。自分のことで恐縮ですが、後天的学習によって性格が少しはジェントルになるという一例です。

亡くなったバイオリン教育のスズキメソッドで世界に知られた鈴木鎮一さんは、誰でも潜在的な才能があり、それに適した環境を用意して本人をその気にさせることが何より大切だと考えて、それを実証した人です。

超一流になるのには、たぐいまれな資質が必要ですが、社会生活を十分幸せに過ごすための素質は誰にでも与えられているのです。私の園長としての経験でも、音楽、絵、運動、お話……子どもはどれも好きで、潜在的な意欲や能力をちらつかせていました。私たちは鎖国時代の日本人とは異なる力をもっていますし、さらに若い人たちの音感は羨ましいほどです。民族の遺伝的素質が百年やそこらで変化することはありませんから、すべて環境の文化の変化による後天的学習の結果です。つまり、すべての子どもは、人間のあらゆる文化を身につける素質をもっているのであって、それに取り組む興味・関心・意欲、さらにそれを発展させる創造力に至るまで、私たちが子どもたちと一緒に作りだす環境にかかっているといえるでしょう。

カウンセリング　マインド（counsellor's mind）

一九九〇年代から、保育や子育てについて「カウンセリング　マインド」ということの重要性が強調されてきました。マインドとは、心、気持ち、感覚、何かをしようという意向、考え方（『カタカナ語の辞典第三版』小学館）とあるように、カウンセリングの心を大切にするということなのですが、このことばのひとり歩きや濫用については、すでに七〇年代から批判があり、カタカナ造語の日本的現象に流されることなく、正しい理念を生かす必要があると思われます。

■カウンセリングに特別な意味を与えたロジャース

一般の英和辞典に見られるように、カウンセリングとは本来、相談、協議、助言のことで、したがってカウンセラーとは、相談相手、顧問、指導員、法廷弁護士、参事官などの意味で用いられてきました。

しかし現在、日本でカウンセリングとは「学校生活・社会生活の中で、悩みを持つ人に対し、それを解決するための助言を与えること。〔その係の人はカウンセラー〕」(『新明解国語辞典第三版』三省堂)「生活や一身上のことで悩む者を、話し合うことによって、その人が自分で解決できるように援助する活動」(前掲カタカナ語の辞典)とあり、後者は「カウンセラー」を「カウンセリングを職務とする者。相談員。」としています。

ここには、ごく一般的に用いられていた英語が、「悩み」を解決するための助言として取り出され、特に「話し合うことによって、その人が自分で解決できるように援助する活動」と、その性格が特定され、カウンセラーが「職務」と位置づけられてきていることがわかります。

この経緯による幅の広さが、理解をやや複雑にしているといえるでしょう。

これまで相談とか助言といえば、相手の言うことをよく聴き、それをいろいろな角度から評価し、正当と思われることに同意を示し、間違っていると思われることを指摘し、それが何故間違っているかを説明し、相手の考えの足りないところを補い、さらにこうするべきであるという方法を教え、それに向かって努力するように励ますということが主流でした。

あくまでも自分が正しく、相手の間違っているところ、足りないところを矯正してあげる立場で、せいぜい自分が主観的にならないようにするとか、相手に威圧感を与えないように優しく振る舞うなどの努力を払うということが配慮点でした。

いわゆる教師タイプの指導にありがちなことで、うしろめたくない良心的な人ほど、相手を助けたい一心で、相手（クライアント、子ども）の心から遠ざかり、壁をつくらせてしまうこともありがちでした。これを、指示的（ディレクティブ）カウンセリングといいます。

これに対して、ロジャース（Rogers,C.R.）は、非指示的（ノンディレクティブ）カウンセリングを提唱しました。

カウンセラーがクライアントのことばにひたすら耳を傾け、クライアントの感情や生き方を深く体験的に理解し、それを共有するような関係をもてば、クライアントは必ずよくなる、というものです。人間は自己と現実との不一致によって心理的な不適応を起こして悩んでいるのであって、自己の体験を受容することによって、あるがままの自分をかけて積極的に生きる人になる潜在的な能力をもっていると彼は考えたのです。

これは従来の指示的カウンセリングの手法の正反対であるだけに、大きなインパクトを与えるものでした。その効果もかなり実証され、現在、カウンセリング　マインドといわれる場合の多くは、この考え方を指しているものと言っても過言ではないでしょう。

■カウンセリング　マインド入門の一例

学生諸君にカウンセリングの話をする時、私は必ず「例えば友だちから『私はみんなに誤解され、悪い評判を立てられて困っている。Aさんにはこんなことを言われた。Bさんにもこんなことを言われた。とてもつらくて、死にたいと思うようになった』と訴えられたら、どう答えてあげるか。友情をもって正直に、自分はこう言ってあげるということを書いてみなさい」と言って紙を配ります。その回答の多くは、毎年つぎのようなものです。

「あなたの思い過ごしじゃない？　Aさんも Bさんも、悪気があって言っているんじゃないと思うわ。それに、ほかの人は何も思っていないかも知れないし、誤解されているというなら誤解を解くように努力しなきゃ。死にたいなんて言ってはだめよ。誰だって死にたいくらいいやなことを抱えているのを我慢して生きているんだから。さあ元気を出してがんばって。」

――友情をもってこう励ます、というのです。これはまさに指示的カウンセリングの典型といえるでしょう。このように励まされた友だちは、どうなるでしょうか。

自分の訴えを、「思い過ごし」だと言われた彼女は、自分は決して思い過ごしではないということをわかってもらうために、AさんやBさんがどんなにひどいことを言ったか、どんなにひどい態度をとったか、さらにAさんBさん以外に、CさんもDさんもと、自分の受けたつらい仕打ちを思い起こして訴えることになるでしょう。

誤解を解くように努力しなければと言われても、その努力をする元気もなかったり、努力して力尽きた状態であったりする彼女には自分の不甲斐なさに追い打ちをかけられて絶望するばかりです。

さらに「死にたい」などと言ったら誰だって、という言葉には、自分のこのつらい気持ちをわかってもらうためには、本当に死ぬほかないと思いつめる恐れがあります。

こうして善意の励ましが、かえってその人を追いつめることになりかねないのです。

訴える、ということは、自分の苦しみをわかってもらいたいからなのです。だから、「私はみんなに誤解されている」という訴えには「そう、みんなに誤解されているのね」とそのまま受け止め、「悪い評判を立てられて困っているのね」「Aさんにも、Bさんにも、そんなこと言われたのね」「死にたいほどつらいのね」……と彼女の訴えをすべて受入れなければいけないのです。それも口先だけではなく、深く共感的理解を成立させることです。それだけで彼女は、どんなに救われることでしょう。

やがて（これは当日のこともあれば、数カ月かかることもあるでしょう）彼女は、「XさんやYさんは私のことをわかってくれているみたい……」などと、自分に有利な事象を見出すでしょう。「ほんとは死にたくなんてないの」と本心を明かすようにもなります。そうでしょう。本当に死にたければ黙って死んだでしょう。人に訴えたのは死にたくないからです。

カウンセリングの本質は、「クライアントが自分で生きる元気を見出し、問題を解決できるようになるための援助をすること」なのです。こうした、対象者の主体的な心に寄り添った援助のあり方が、カウンセリング　マインドといわれるものです。こうして心を開き、立ち直ってからです。別の考え方を教えたり、励ましてあげるのは。

■カウンセラー・親・保育者

いわゆるカウンセリング　マインドは、すべての人間関係の中で大切なもので、社会人の人間開発セミナーなどでも取り上げられています。それだけに、かえってカウンセラーの専門性があいまいになり、各種の資格認定を必要とするに至っています。

専門のカウンセラーは、ここで述べたカウンセリング　マインドを主唱したロジャースのほか、ユング（Jung.C.G.）、アドラー（Adler.A.）、フロイト（Freud.S.）などの理論を基盤とする相談のほか、必要に応じて遊戯、箱庭、芸術、イメージ、行動、認知、催眠、自律訓練、家族、内観、森田等の心理療法等を用いてクライアントの立ち直りや健全な成長を援助するもので、臨床心理学や精神医学と深いかかわりがあります。

親は、このようなカウンセラーであることは不可能でもあり、また必要もありません。乳幼児期十分に子どもの依存の対象として子どものすべてを受け止め、子どもが人間や社会に対する愛情や基本的信頼感を身につけるための大きな存在であればいいのです。他の子どもより自分の子どもが可愛いという親の家族エゴイズムでさえ、限度を越えさえしなければ、子どもにとって精神的に大きな支えとなるものです。子どもはこの世界に自分が受け入れられていること、つまり自分は存在しているだけで十分に意味のある存在であることを実感するからです。これはカウンセラーにできることではありません。

保育者は、多様な人間関係の中で子どもの心を支えなければいけません。

例えばAちゃんがBちゃんを泣かしたと子どもたちが言う時、「Aちゃん、みんなAちゃんが悪いと言ってるよ。あやまりなさい」と命じてもAちゃんはあやまらないでしょう。みんなが自分を悪いと言っているのです。自分がそれを認めたら、自分は抹殺されてしまうことになるのです。この時保育者がAちゃんを抱きかかえ、誰が何と言おうと私はAちゃんの味方よ、という態度を示せば、Aちゃんは相手に迷惑をかけたことを理解するゆとりが生まれ、Bちゃんに「ごめん」とあやまることもできるようになります。

保育者が加害者の味方になるということは、決して被害者や第三者を敵に回すということではありません。「先生はAちゃんもBちゃんもCちゃんも、みんな大好き。だからみんながけんかしたら先生は悲しい」――心からそう思うことによって子どもたちは自他を受容し、保育者の積極的な助言も受け入れるようになっていきます。

本当のカウンセリング　マインドとは、この順序を言うのであって、ただひたすら子どもの言いなりになることとは全く違うものであることを指摘しておきたいと思います。

家庭の機能 (role within the family)

■家庭の起源と本来の機能

家庭教育とはどういうものか、またそれはどうあるべきかを考えるには、家庭そのもののはたらき（機能）を知る必要があります。

男女が夫婦となり、子どもや親と一緒に暮らす――このような家庭が一般的になったのはそう古いことではありません。平安時代には女性の家に男性が通う「通い夫（かよいづま）」が普通で、生まれた子は母親のところで育てられた母系、女系の社会だったのです。

保安

同居夫婦中心の家庭をつくったのは中世の武士でした。彼らの残した家訓を読むと、家長に対するきびしさが目立ちます。例えば、家長は早朝に起き、無事を確かめてから家人を起こし、一日中家人の先頭に立って尊敬を一身に集め、夜も家人を寝かせてから見廻りをし、寝所では仮眠をとる心得。床の間に鎧具足、なげしには槍、枕元には大小の太刀を置いて、事が起きたらいのちをかけて家人を守るのが家長の務め——という調子です。

弱肉強食の乱世に生き残るには、強く誠実な人を中心に団結する必要があり、家の起源には、こうしたいのちを守り合うという保安の機能があったのです。

いまでも世界の家族の意識にそれは強く、治安のいい日本では忘れ去られています。

身分保証

いまでは行政が、戸籍から旅券の発給までしてくれますが、近代国家以前では、何家に属するかだけが頼りでした。「〇〇一家」「親分子分」などの擬制的親子関係や芸道の家元制度などに見られるところです。

生産

年輩の私たちにとっての家族のイメージは「一緒に働く人」でした。農、工、商いずれの家業でも、毎朝両親とともに起き、仕入れや掃除や仕事の準備、客の相手などをしました。そういう中で子どもたちは、働くことの大切さや、それを見事にこなす両親への尊敬の念など、いろいろなものを身につけたのです。職住分離の近代化によって、働く親の姿を見る機会が失われています。

父親懇談会でそのような話をしたところ、「私は父親の権威をもって毎朝堂々と家を出るが、会社では上司にミスを叱られ、客に叱られ、私の給料は謝り賃のようなもので、こんな姿は見せられない」という方がいて笑いが起きました。私は「にもかかわらず毎朝堂々と出勤するお父さんだと知ったら、お子さんは尊敬の念を抱き、不登校など起きなくなるかも知れませんね」と言いました。

生きるために働くとはどういうことなのか、現在の家庭には、それを体験的に知るすべがなくなっているのです。

娯楽

一緒に働く人は「一緒に楽しむ人」でもありました。ほんど唯一の娯楽は夕食時のだんらんでしたが、一日の仕事を知っている子どもは親がたとえ酔っぱらっても軽蔑する気にはならず、世間話の中から町内会の行事一つでも何カ月も前から集まって相談し、みんなで協力してできるものであることや、自分勝手な人はみんなに嫌われるというような、生活、社会、道徳の勉強もしたものです。

現在、娯楽場が無数にでき、家庭にはテレビとハイテクのゲームしかない状況です。これらは自然や人間との直接体験の時間を阻害する欠点を持ち、その弊害が問題です。

医療

病気をして看病されたりする家庭内看護の体験は、家族がいたわり合うことの大切さを教えました。そしてついには家族の死を看取ることも必ずと言っていいほどあり、このことからいのちの貴重さを学んだのです。

こうした経験は極端に少なくなり、祖父母の死を伝え聞くだけです。同居の場合もターミナル・ケアは病院で行われ、子どもが臨終に立ち会うことは稀です。一方、テレビ、劇画、マンガ、ゲームなど人の死ぬ場面は無数にあり、生活実感なしに虚構の世界から学ぶ生命観は恐ろしい結果を生んでいます。

宗教

家の跡を継ぐとは、先祖の墓守りをすることを意味し、どの家にも神棚や仏壇があり、朝夕合掌して拝むのはごく日常の習慣でした。こうした中で子どもたちは、人間はこの天地や先祖をはじめ多くの人々の恩恵を受けて生きているものであるという謙虚さや感謝の心を学びました。これは心豊かにたくましく生きる力の源になるものでした。

「宗教の社会生活における地位は、教育上これを尊重しなければならない」と、教育基本法は定めていますが、国公立学校で特定の宗教教育や活動が禁じられていることが混同され、一般的な宗教情操教育まで否定的に扱われ、かえってインチキ宗教の洗脳に弱い青少年をつくり出しています。現在の家庭に宗教的な雰囲気はきわめて希薄です。

教育

かつて教育は、家庭教育がすべてでした。士、農、工、商、いずれのプロになるのも、両親の養育と薫陶を得て、人格、知識、技能、態度等のすべてを育てられたのです。

明治五年に公布された学制以降、日本の学校制度は世界に例を見ないほど普及し充実しました。そのため学歴偏重の観念が一般化し、家庭は学校の下請けのような地位に転落するという結果を生じたのです。

■いま求められる家庭の機能

このように、家庭は本来もっていた保安、身分保証、生産、娯楽、医療、宗教、教育等の広範囲に及ぶ機能を、警察、行政、職場、娯楽場、病院、寺院、学校という専門機関に譲り渡し、形骸化、空洞化の傾向にあります。夫婦にならなければ認められなかった男女の愛の交換も、他に迷惑をかけなければ両性の合意によって可能という考え方が一般化すれば、結婚して一生重荷を負う必要はなく、家庭はすでに過去のものとする議論さえあります。

しかし、何万年後は知らず、現代社会は次の理由から、家庭機能の再生を強く求めていると考えます。

生活の場（経済社会の単位集団）

同じ屋根の下に住んで同じ釜の飯を食べても、下宿人は家族ではなく、また血のつながりがあるきょうだいも、結婚すれば元家族に過ぎないように、家族である決定的な要素は同居でも血縁関係でもなく、同一生計にあります。誰が稼いでも家族全体の収入、誰が使っても家族全体からの支出というプール計算の範囲が家族なのです。この、能力に応じて働き、必要に応じて分けるという考えは、前近代的として斥けるべきではなく、地球人類の将来のあり方を示唆するものです。

そして、ある集団が生活するのに必要な仕事は、その成員が分担するのが当然です。

いまの子どもたちは自分の寝床の上げ下ろしもさせられず、「そんなことはお母さんがしてあげるから、その分勉強しなさい」「誰のための勉強と思ってるの。自分のためでしょ」と言われます。これでは「人の役に立つ」「人から求められる」という生きがいも、勉強のしがいもなくなるはずです。

幼少時から自分のことはもちろん、家事も分担し、「自分がいなければこの家はやっていけない」という自己有用感（自己効力感）を与えるべきです。

憩いの場（心身の緊張からの解放）

校庭や園庭で遊ぶ子どもが、中央の空間を使うことが意外に少なく、建物、固定遊具、樹木などの近くで遊ぶ。これは遺伝子に組み込まれた防御本能です。人類の先祖は穴居生活によって緊張から解放されました。

フリーセックスが認められたとしても、結婚して家庭をもつことの必然性は強まるでしょう。最愛の人と結ばれても明日の保障がなく、自由競争にさらされる緊張の持続に耐えられるでしょうか。相互専属契約を結び、それを登録し、知人に通知し披露する。つまり自分たちは結婚したので滅多なことでは逃げださない、また滅多なことでは手を出してくださるなと公表して安心する制度、これが婚姻の制度というものです。

子どもが学校から帰った時、「宿題は？　テストは？」とランドセルの中に手を入れんばかりの親がいます。子どもは学校生活で緊張を強いられ、憩いの場を求めて帰宅したのに、ああここには最大の敵がいたと感じて逃げ出すでしょう。「おかえり。学校のことは忘れてお茶にしましょう」「宿題しなくちゃ」「そうかい。でも後にしたら」というぐらいでいいのです。

愛情の場（生命的連帯）

愛するということは、相手のことを他人事《ひとごと》と思わず、わがことと思うことです。

親のことを欠点だらけだと思っている子どもも、ひとから親の悪口を言われたら腹が立ちます。いいお母さんだね、いいお父さんだねと言われると、そんなことないよと言いながらうれしいのです。親も、子の欠点を百も承知ですが同様です。つまり、自分の親や子がほめられたということは自分がほめられたということ、悪く言われたということは自分が悪く言われたと感じるのです。相手の痛みや喜びが自分の痛みや喜びと感じられるということは、いのちがつながっていると感じられるということです。

いのちが一つになることを求めた男女の愛と、一つのいのちから分れた親子の愛。これをタテとヨコの糸として織りなす家族のあり方は、わがことと思いながらわが自由にならぬ人間同士のあり方、環境を通していのちがつながっている人類のあり方の原型です。

教育の場（全人的人間形成）

他の動物が、生きるメカニズムを先天的に内蔵して生まれるのに対し、人間は後天的学習によって初めて生きる力を獲得します。その第一の直接的環境が家庭です。

したがって、乳幼児期の発達課題である愛情、信頼感、自立感、自律感、有能感などをはじめ、生涯の社会生活の基盤、基礎、基本のすべてが家庭生活によって形成されます。家庭はすぐれて教育的でなければなりません。

それには、ここに挙げた家庭本来の、あるいは現代いよいよ求められる、生活の場、憩いの場、愛情の場としての機能が十全のものとなることです。そうなれば、そこに生まれ育つ子どもは、最善の家庭教育を受けたことになるでしょう。

生活体験が欠如し、ストレスにさらされ、人を愛することを知らぬ子どもたちの叫びが聞こえます。私たちは何としても家庭をよみがえらせなければなりません。

行事（event）

「もういくつ寝るとお正月……」という童謡が示すように、子どもは年中行事をはじめ、さまざまな行事が大好きです。そのため保育所や幼稚園の保育にも取り入れられていますが、そのあり方によっては「行事保育」と批判されるような実態もあります。行事のもつ教育的な意義を正しく理解し、子どものためになる行事にするにはどうしたらいいかを考えてみましょう。

■国の基準に見るかなりの変化

昭和二十三年三月、文部省から刊行された『保育要領——幼児教育の手びき——』は、戦後初めて学校教育法体制に位置づけられた幼稚園教育をはじめ、保育所・託児所などの施設における保育、さらに家庭における保育のための基準及び参考として書かれたものですが、その中で、「幼児の保育内容——楽しい幼児の経験――」として十二の項目が挙げられ、その最後は「年中行事」で、次のように述べられています。

「幼児の情操を養い、保育に変化と潤いを与え、郷土的な気分を作ってやる上から、年中行事はできるだけ保育にとり入れることが必要である。

元来、わが国古来から行われている年中行事、ことに祭りなどは子供が参加し、楽しむ行事になっている。たとえば、三月のひな祭、五月の端午の節句、七月のたなばたなどは、子供を中心にしている。これをそのまま保育に取り入れて、ともに楽しみ合う気持ちを養うことができる。

年中行事には自然物がきわめて巧みに取り入れられている。たとえば、ももの節句、しょうぶの節句、月見の秋の七草、クリスマスツリーなど、生活を自然に結びつけさせる味があり、また人間の美しい気持ちを表現しているもの、または慈悲・博愛・感謝・報恩の人間的な美しい精神や社会的生活の楽しさを現しているものが多い。たとえば母の日、彼岸会、国の記念日、祝祭日等、みなそれである。

これらの日にふさわしい催しをすることは、教育上有意義である。

園の行事としては、創立記念日、園児や先生の誕生日の会などを開くのもよい。

この機会をとらえて幼児に集会の作法を正しく教えたい。」（原文のママ）

この素朴な文章の中には、幼児を楽しませて育てたいという思いが溢れているように感じられます。日常の保育の中に、なるべく多くの行事をとり入れてやりたいという願いが、何のためらいもなく述べられているではありませんか。

一方、現行の『幼稚園教育要領』では、「特に留意する事項」（4）として、

「行事の指導に当たっては、幼稚園生活の自然の流れの中で生活に変化や潤いを与え、幼児が主体的に楽しく活動できるようにすること。なお、それぞれの行事についてはその教育的価値を十分検討し、適切なものを精選し、幼児の負担にならないようにすること。」

と述べられています。半世紀の隔たりにもかかわらず、行事そのものの意義は変わっていないのですが、後半ブレーキがかかっているのがわかります。つまり、行事が園生活の自然な流れを損なうことがあること、変化や潤いどころか型通りのつまらないものになっている恐れがあること、幼児の興味や関心に反して強制され、主体性を奪われた活動になっている場合があること、教育的価値よりも別の目的のために多くの行事がとり入れられ、幼児の負担になっているのではないかということ――これらを十分に反省し、決してそのようなことがないように特に留意する必要があるとしているのです。

■学校行事のマネがエスカレートして

行事に弊害が生まれた第一の原因は、園行事のモデルを学校行事にとったことにあります。教育といえば学校、学校といえば先生の指導に従う一斉の活動という通念から、園は学校のようでなければならず、学校のようであれば安心――と園も保護者も思い込んでいるところがあります。

入園式、始業式、終業式、修了式（卒園式）といった儀式をはじめ、運動会、学芸会（生活発表会）、

展覧会、遠足……と多少名を変えただけで全部学校と同じところが多く、中には毎日朝礼をして園長訓話を聞かせる園さえあります。

幼児たちにふさわしい行事を考えるのではなく、習慣としてとり入れて強制してはいないでしょうか。たとえ名前は同じでも、中身を幼児にふさわしいものにする工夫の余地は必ずあるはずです。

その本家本元の学校ですが、校種を問わず全国どこの学校でも運動会をするという国は世界でも珍しいのです。その起源は初代文部大臣の森有礼《もりありのり》が師範学校を軍隊組織にし、「道具責め」と称して兵式体操を導入、軍国主義教育を行ったところにあります。運動会のおかげで運動ぎらいの子をつくるくらい愚かな話はありません。最近では学校も、「競う運動会」「見せる運動会」から「みんなで創る運動会」「楽しむ運動会」へと変身する工夫がなされつつあるのです。

ところが園では旧態依然、入退場の行進をはじめ、幼児自身が楽しむ限度をはるかに越えて、連日特訓しなければできないような組体操やマスゲームをさせたりしています。ある園の指導計画を見て驚きました。四月から十月まで、登園する日はすべて半分以上の時間が鼓笛隊の練習に割り当てられていました。それを十月の運動会で発表し、以後いろいろと園外の行事に参加して披露し、それが園児募集の目玉になっているのです。

学校が授業をやめてこんなことをしたら社会が許さないはずです。学校行事のマネがエスカレートして本務である保育がゆがめられている極端な例といえるでしょう。子どもたちが喜んでいるならともかく、子どもたちも辛ければ、担任する子どもたちの演技によって評価される先生も辛いのです。

辛くても、それが幼児のためになることであるならばまだいいのですが、幼児期の発達課題とはほど遠く、むしろマイナスになる経験をさせるほど愚かなことはありません。それは、行事が大人たちのために行われているということです。

親は、幼いわが子がたどたどしいながらも演技すると涙を流して喜びます。それが大人びたむずかしいものであるほど感激して、よい教育をしてくれる園だと思い込んでしまうのです。

大人に見せるための行事は、ゆっくりと深く根を張るべき幼児期に花を求めることになりがちです。器楽合奏で音をはずす子の楽器にセロハンテープを貼って音を出なくする残酷な例さえありますが、完成した形を見せようとして行きつく成り行きの恐ろしさです。

さらに、単元法とか総合的活動とかの新しい教育理論と結びつけて毎月のように行事を設定し、毎日の保育はその練習や製作に追われるなど、首をかしげたくなる例もないわけではありません。

■幼児期にふさわしい生活としての行事

行事の本質は、非日常性にあります。毎日がお正月では、指折り数えて待つ気持ちは生まれません。毎日静かに、お行儀よく、と言われていたら、静かにすることや背筋を伸ばす心地よさは味わえないでしょう。時に改まって姿勢を正す心地よさ、お客様を迎え、小さな紳士淑女として堂々とふるまう晴れがましさ――これこそ儀式のよさでしょう。したがってその式が、幼児に耐えられぬ長さやつまらなさであることは百害あって一利なしです。

私たちは先ず、行事など一切ない生活が楽しいものでなくてはならないと考えます。つまり行事にふりまわされることも、行事で日常のつまらなさをごまかすこともよくないからです。行事がなくても楽しくてならない生活の中に、生活の節目や季節感にマッチした行事があると、一層盛り上がって楽しいということが本当だからです。

子どもたちの、子どもたちによる、子どもたちのための生活が日常行われていればこそ、子どもたちの、子どもたちによる、子どもたちのための行事が生まれてくるといってもよいでしょう。行事を見れば、日常がわかるのです。そういう意味では、日常性の上に成り立つ非日常性と言わなくてはなりません。

例えば私が園長を務めていた園では、儀式や遠足などのほか行事らしい行事が四季にそれぞれ一回でした。春には附属小、中、養護の各学校との合同運動会で、幼児たちはお兄さんお姉さんたちのリードのもとにその雰囲気を楽しみます。夏は夏休み第一日の「夏のつどい」で、プールで遊び、お母さんといっしょに野外料理を作って味わい、盆踊りを楽しみ、日が暮れるとお父さんたちの打ち上げる花火に喚声を上げ、かがり火を囲んで歌い、園長の話に聞き入ります。秋の運動会はふだんの遊びの中からみんなで相談して種目と係を決め、先生と相談しながらプログラムのすべてをこなします。子どもの発案した「得意わざの時間」には、上手下手に関係なくみんな参加して楽しみました。冬は「こどもまつり」で、三、四、五歳それぞれ三〜四〇分程度のステージを受け持ち、ふだん遊んでいることを全部入れた歌あり劇あり運動ありのバラエティのようなものを構成して演じます。その間にお母さんのコーラスと先生の寸劇を挟んで五幕でき上がり。この日は各クラスの保育室や廊下に、日頃遊びながら描いた絵や地図や製作物などを幼児たちが張り切って並べてあります。つまり、文字通り日頃の生活をうれしそうに発表する日です。

遊びを中心とした日頃の生活の中で、どれだけ一人ひとりの思いが保障され、友だちと協力する楽しさが生み出されているか。これが生き生きした行事に直結します。大勢の力をより合わせて自分たちのプロジェクトを創り出すというスケールの大きな喜びを幼児期に体験する幸せ。それをしっかり支える私たちでありたいものです。

原体験 (original experience)

私たちの心の状態や行動のすべては、多かれ少なかれ、これまでに経験したこと（先行経験）に影響されます。

性格には遺伝的な要素が大きいとされていますが、後天的学習の影響も少なくありません。喧嘩っ早かった江戸っ子の血をひく東京人も、満員電車で押し合いながら喧嘩は少ないようですし、上官が部下を平気でなぐった軍隊生活を継承している職場もまずないでしょう。これは知識教養や人権感覚といった環境の文化の学習経験が、人格形成に大きく影響している例といえます。

また、経験したことのない場面でとまどったり緊張したりして失敗すること、逆に場なれたベテランが落ち着いて上手に事を運ぶといった体験（直接経験）としての先行経験の有無に左右されることも、よくあることです。

■「原体験」の定義

こうした多くの先行経験の中で、「生涯にわたる人格形成に大きな影響を与える初期（幼少時）の体験」を「原体験」と私は定義しています。

ちなみに岩波書店『広辞苑』第五版では「人の思想形成に大きな影響を及ぼす幼少時の体験」とあり、三省堂『大辞林』第二版では「記憶の底にいつまでも残り、その人が何らかの形でこだわり続けることになる幼少期の体験」、講談社『日本語大辞典』第二版では「長じてからもこだわり続け、考えや行動に何らかの影響を及ぼすような幼少年期の体験」とあって、私の定義とはニュアンスを異にします。つまり従来は、大人が自分の（あるいは他者の）人生を省みて思い当たる幼少時の体験という意味で、どうしても思い出してしまう「原風景」的な文学的感覚で用いられてきたということでしょう。

しかし私は、その人が記憶しているかどうか以上に、たとえそのことを忘れていたとしても、さらに自覚することさえなかった乳児期の体験までを含めて、事実として人格形成に大きな影響を与える初期の体験が存在するからには、そのことを「原体験」と呼んで問題にしたいのです。

そこには、トラウマ（Trauma）と呼ばれる心的外傷、つまり後遺症となって精神的に影響を与える、激しい恐怖などの心理的衝撃の体験――マイナスの原体験も含みますが、それとは反対に、幸せに生きる力の根源となるプラスの原体験も多く含まれています。

■人間や社会に対する愛情と基本的信頼感

「乳児が成しとげる最初の社会的行為は、母親が見えなくなっても、無闇に心配したり怒ったりしないで、母親の不在を快く受け入れることができるようになることである。それは、取りも直さず、母親が予測できる外的存在になったばかりでなく、内的な確実性をもつようになったからである。そのような経験の一貫性や連続性、斉一性が自我同一性の基本的な観念を準備する。」「信頼ということの一般的状態は、必要物を供給してくれる外的存在が常に同じであること、連続性を有していることを学んだということばかりでなく、自己を信頼し、さまざまな衝動に対処する自分の諸器官の能力を信頼することをも意味する。」(E. H. エリクソン『幼児期と社会』仁科弥生訳)

——これは、乳児期の子どもが母子関係の中で、自分が生まれてきたこの社会に対する基本的信頼と同時に自己への信頼を獲得していく過程についてのエリクソンの分析の一部ですが、こうした過程が省略された場合の「不信」の原体験が将来大きな不幸を自他にもたらすことは近年続発する悲惨な事件を通じても明らかにされているところです。

人間やこの社会に対する愛と信頼——これほど一生を幸せに生きる力の根源に必要なものはありません。そしてこの深く、かつ高度な人格の中核は、まず、赤ちゃんらしい生活を十分にすることによって形成されます。

乳児が泣くたびに母親またはそれに代わる一定の保育者が、「ああよしよし」とやさしく声をかけながら様子を見、必要に応じて授乳やおむつを交換する。これが夜中まで含めて日に何度となく、三百六十五日繰り返されるのが乳児期というものです。

この中で乳児は、自分が泣いて不具合を訴えると必ず、裏切ることなくまるごと取り上げて善処してくれる人がいる、自分は愛されている、この世は信頼に値する、と体感し、そのことを人格の中枢にため込んでいくのです。

ある公立幼稚園が国の研究指定を受けて実践研究を行った時のことです。そのお手伝いに行ったところ、区の教育委員会の指導主事がその日の指導計画を見て、こんなことだから幼稚園はダメなんだと怒っていらっしゃる。それは、「ねらい」の一つに「気の合った友だちと仲よく遊ぶ」とあったからでした。教育とは子どもをよくすることであるのに、気の合った友だちと仲よくしたってよくすることにならないじゃないか。担任の先生が、ではどう書けばいいんですかと教えを請うたら、だから「気の合わない友だちと仲よく」に決まってるじゃないか、と言われたのです。当時文部省にいた私は、教育委員会の先生とは連帯責任があるので、現場の先生の前では対立するわけにいかず困りましたが、見過ごすわけにはいきません。

幼児教育については素人とお見受けしたので、将来だれとでも仲よくできるためにこそ、幼児期に気の合った友だちとことん遊び込んで、「お友だちっていいもんだ、仲よくするって素晴らしいことだ」という原体験を十分にため込むことが大切なのだというお話をしました。

私たちが多少気の合いそうにない人とでも、自分から頭を下げて握手を求めることができるのは、「ひとたび仲よくなれば、あの素晴らしい世界が開ける」という原体験をもっているからです。それを、目に見えてよくする教育だけを考えると、担任の教師から見て仲のよくないAちゃんとBちゃんを組ませて「仲よくしなさい！」と言うのが教育的だということになります。しかし、その二人にとっての原体験はどういうものになるでしょう。「仲よくするなんていやだ、お友だちなんて面倒くさい、一人で遊んでいた方がずっといい」――というマイナスの原体験になる。近頃は大人の管理のもとに早くから「だれとでも仲よく」という、結果として完成された姿を求めるために、かえって人間嫌いやいじめの原因につながっているとも考えられるのです。

その方は賢明、率直な方で、その説明を聞いて眼からうろこが落ちた、自分と同じように誤解している全国の教育関係者にぜひこの話をしてくれとまで言ってくださいました。

■幸せに生きる力の根を育てる

人間の知識や技能は遺伝せず、すべて後天的学習によります。自分たち大人は振り返って見ればわかることですが、自分が得意なことはそれだけやったことであり、不得意なことはやらなかったことです。そしてその分かれ目に幼児期の原体験があることに気づきます。幼児は自分の中に育ってきた力を必ず使おうとする。環境の中にそれに当てはまるものを発見すると興味関心をもち、それに取り組む。それが楽しくて頑張ったものが得意になり、環境にそれがなかったり、したくないものを強制されたり、せっかくやっているものをそれじゃだめだと言われたりしたものが不得意になっているのです。

幼児はどのような場合に楽しいかを洗い出し、分類整理した結果、次の十項目になりました。

(1) したいことをする楽しさ（自発的使用の原理・主体性の発揮）
(2) 全力をあげて活動する楽しさ（全力の活動）
(3) できなかったことができるようになる楽しさ（能力の伸長）

(4)知らなかったことを知る楽しさ（知識の獲得）
(5)考え出し、工夫し、つくり出す楽しさ（創造）
(6)人の役に立つ・良いことをする楽しさ（有用・善行）
(7)存在を人に認められる楽しさ（人格の承認）
(8)共感する楽しさ（共感）
(9)よりよいものに出会う楽しさ（価値あるものとの出会いと認識）
(10)好きな人と共にある楽しさ（愛・友好）

これらはすべて、遊びを中心とした幼児期らしい生活の中で体験され、それが一生の原体験となって幸せに生きる力の根となることは明らかです。

荒れる少年たちに深くかかわった服部祥子氏（精神医学）は、幼児期の楽しい思い出の有無が生きる力の火種の有無に等しいことを発見しています。

近年学級崩壊などの原因が幼児期の自由放任にあるとして、きびしい「しつけ」を求める空気がありますが、それが「手はおひざ、口にはチャック。お約束でしょ！」に直結することは問題です。なぜならば、子どもたちは「お約束」という言葉を聞くたびにイヤな思い、マイナスの原体験を重ねることになるからです。幼児の時は大人にかなわないことから言うことをきかされますが、大きくなれば必ずその縛りを払いのけます。幼い時から自己発揮の練習をしていない子はその仕方がわからず、限度も知らず滅茶苦茶な自己発揮をします。しかも、これまで自分を押さえつけてきた大人と、お約束という名の社会のルールを敵として戦うことになるのです。

そうではなく、例えばボール一個でも取り合いをしていれば誰も使えず、じゃんけんをすれば独占して使える順番がくること、さらに床や地面に丸い輪を書けば、「中当てドッヂボール」を楽しむことができることなどを体験的に知ることによって、約束とかルールというものは自己発揮を妨げるイヤなものではなく、みんなが楽しく自分を出し合って生活するために必要な、とてもよいものだというプラスのイメージを原体験することになります。

原体験こそ幼児教育の核心をなすものです。この目に見えぬ原体験の根の上に、知識・技能の系統学習を軸とする学校教育の幹が育ちます。これらを文字通り根幹として、自由に枝を張り花を咲かせ実のなる生涯学習の樹が成り立つのです。

個性 (individuality)

現在世界には約六〇億人の人がいますが、一人として同じ人はいません。遺伝的には全く同一と考えられる一卵性双生児でさえ、よく似てはいても、必ず違いがあります。この、ある人が、他の人と異なることの全体、つまり、その人がその人であることのすべてを統一的にとらえたものが個性です。

一般に「個人に具わり、その個人を他の個人と異ならせる性格」「個体に特有な特徴あるいは性格」（広辞苑）、「個々の・人（物）をそれぞれ特徴づけている何か」（新明解国語辞典）とされており、英語ではindividuality（これ以上分割できないもののそれらしさ）というのも、このことをあらわしています。

■個性がなければ人間ではない

私は三人兄弟のまん中に生まれました。兄は温厚、弟は茶目っ気たっぷりで、私は両方のいいところを足して二で割るといいと言われたらしいのですが、残念ながら両方にない過激さをもって生まれたようです。兄からも弟からも学んだり盗んだりして大きな影響を受けたのですが、それをしたのは、すでに個性を与えられて生まれた当の私でしたから、同化というよりも私の個性の増大をもたらしたようです。

それでよかったと思っています。キシイ・イサオという私は、アオキ・イサオでもキムラ・タクヤでもなく、世界でたった一人のさらに人類史上たった一人の私なのですから。

教育思想史に偉大な足跡を残したルソーは、一人の人間がその人間でなくなることを最も嫌いました。『エミール』の中で、「わたしは他人の考えを書いているのではない。自分の考えを書いているのだ。わたしはほかの人と同じようなものの見方をしない。すでに久しい前からわたしはそれを非難されている。しかし、ほかの人の目を自分に与えたり、ほかの人の考えを借りたりすることがわたしにできるだろうか。」註(1)

と述べています。彼はまた、

「精神にはそれぞれ固有の形式があって、それに応じて導かれる必要がある。そしてあたえられる教育の成功には、ほかの形式でなく、その固有の形式によって子どもが導かれることが大切だ。慎重な人は長い時間をかけて自然を観察しなければならない。最初のことばを語るまえに十分に子どもを観察しなければならない。まず、子どもの性格の芽ばえを完全に自由に伸ばさせることだ。そのすべてをはっきりと見るために、どんなことでも強制してはいけない。この自由の時はかれにとってむだにすごされたものと考えられようか。まったく反対だ。それはもっともよくもちいられた時になるだろう」註(2)

と述べています。ここには人間精神の固有の形式の存在と、その個別性に即した指導の必要が説かれ、そのためには性格の芽ばえが完全に自由に伸びるのを観察するべきで、自由にしたら時間と力のムダづかいになるどころか、一切の強制をなくすことが最も有効だと主張しています。

日本の保育に子ども中心の主流をつくった倉橋惣三は、『幼稚園雑草』の中で「一人の尊厳」と題して次のように述べています。

「人間は一人として迎えられ、一人として遇せられるべき、当然の尊厳をもっている（中略）これは、必ずしも、心理学的にいわゆる個性の別という意味ではない。個性は相対的のものであって、一人の価値はその個性の価値であるが、人間の一人は絶対のものである。各個人の人間が銘々に有する、神聖なる尊厳である。すなわち、すべての人間は、その個性を尊重される権利をもつと共に、先ずその前に、一人として迎えられるべき尊厳をもっている。」

異なっているからこそ個性というのですが、その差異に価値があるのではなく、一人ひとりの絶対の価値ゆえにその一人ひとりの違いが尊重されなければならないとする倉橋は、個性を心理学的に調べてから保育をするのではなく「一人ひとりの子供生活を離れない教育をしていきさえすれば、おのづから個性に即した教育になる」註(3)と主張しています。

■どの子も、人間らしさのすべてをもっている

キンダーガルテン（幼稚園）の創始者フレーベルは『人間の教育』の中で次のように述べています。

「どんな人間にも、それぞれ、人間性の全体が内在しているが、それは、全く固有な、独特な、個人的な、それ自身における唯一の仕方で、各人のなかに表現され、刻印づけられているのであって（中略）

人間性の全体が、それぞれの個人のなかに全く独特な唯一の仕方で表現されていなければならない。」

つまり人間らしさのすべてが一人ひとりの中にそなわっているのだが、その現れ方が一人ずつ異なるというのです。確かに私たちの中には普遍的な人間らしさがあります。幼児たちを見ても、たくましさ、優しさをはじめ、音楽、絵、運動などに対する興味・関心など、どの子も、すべての人間らしさを持っていることがわかります。ただその一つひとつの現れる順序や強さが一人ひとり違うのです。

一般に、個性といえば他と違っている点に目が行き、共通の人間らしさである普遍性の対極において、そのどちらかが大切にされ、一方が否定される傾向があります。それに対してこのフレーベルの見方は、個性と普遍性との関係を的確にとらえているといえるでしょう。確かに「偉大なる個性」といわれる人は、世間の常識を破るような人ですから当初正当に評価されず、奇人変人の扱いを受けています。しかし、その人の発見した法則や創造した芸術はやがて人類共有の財産として高く評価されるに至ったのです。つまり自然や人間の普遍的本質的な価値の未知の部分を、初めて提示した人々といっていいでしょう。

つまり、真の個性は必ず普遍性に立脚し、個性によって初めて真の普遍性が実現するのです。

■自分らしさをなくさせた教育は過去のもの

これほど大切な個性であるにもかかわらず、日本では決して重要視されてきませんでした。「個性的」ということばはようやく賛辞としても使われるようになりましたが、現実には、変わり者、自己主張が強い、協調性に欠ける、などというマイナス評価を伴って用いられることが少なくありません。

一般に、個性と教育との関係は次の五つのレベルの類型があります。
①個性を悪とし、それをなくそうとする教育
②個性は偏りであるとし、それを補おうとする教育
③個性は止むを得ない、また悪くはないとし、それを許す教育
④個性は有効であるとし、それを生かそうとする教育
⑤個性を教育の目的に位置づけ、それを実現しようとする教育

幼稚園や保育所での実際の保育を観察し、先生方の話を聞いても、このどれかに当てはまります。①と②は一斉保育を中心とする園やしつけを厳格に行おうとする園に見られ、全員に一定の知識・技能・態度を身につけさせることを教育と考え、実行しています。③は一斉保育を中心としながら、ついてこない幼児を許容もしくは放任する園、また自由保育という名で放任する園に見られます。④は個人差に即した指導をすることが教育上効果的であるとして幼児の興味・関心や能力に応じた教材やコーナーを用意して与える園に見られます。⑤は他の幼児や何らかの標準との比較を問題にせず、一人ひとりの幼児が主体的な集団生活の中でそれぞれの自己を実現するよう、環境を通して援助を惜しまない園に見られます。

私が一九九〇年までの八年間に調べた結果では、①二四・一％　②二五・一％　③二二・七％　④一六・三％　⑤一一・八％という分布でした註(4)。現行の原型となった幼稚園教育要領・保育所保育指針実施の年ですのでその後どこまで①から⑤の方向への変化が見られたでしょうか。

日本の幼児教育の実態はなぜこのような傾向を示すのでしょうか。それは教育といえば学校、学校といえば一斉授業という思い込みに原因があると思われます。

明治五年に発足した国民皆学の制度は同一九年の学校令体制によって強力に推進されたのですが、「行事」の項でも触れた通り、その中心となった森有礼初代文相は国民の士気を鼓舞するためとして師範学校を軍隊組織にし、一律一斉の団体教育を徹底させました。以来わが国の教育は一貫して多様な価値を認めず、知識も技能も態度もそろえることに重きを置きました。その結果は戦争の悲劇と驚異の経済成長をもたらして今日に至ったのです。

しかしこうした全体主義は行きづまりました。不登校・いじめ・暴力等の問題の根源は一人ひとりの多様性を認めない学校教育の体質にあります。また国際社会の中にのみ活路を見いだすほかない資源の乏しい日本の課題は、諸外国から親しまれ信頼される国民を育成し、「団体となると強力だが、一人ひとりの魅力に乏しく、何を考えているのかよくわからない日本人」というイメージを払拭しなければなりません。

人類の未来は、異質なものの共生をおいてほかにはありません。単一の基準をもって序列化し、優越感と劣等感を刺激して差別や偏見を生む教育から、個々に内在する絶対の価値を信じ、それを十分に実現する教育への転換を迫られているのです。このことを初めて公式に認めたのが臨時教育審議会（一九八七年）で、教育改革の基本理念の筆頭に「個性重視の原則」を打ち出しました。現在進行中の教育改革はその延長上にありますが、私たち一人ひとりが個性の大切さを認識することなしには問題は先送りになるばかりと懸念されます。

すべての人が自分らしさ（個性）を十分に出して助け合うという理想の社会は、よい保育をめざしている園の子どもたちの中にしばしば見られることですが、その保育者たち自身の集団のあり方がそのようになっている場合と一致することに気がついていらっしゃるでしょうか。

【註】

（1）ルソー著・今野一雄訳『エミール』上・一九頁、岩波文庫

（2）同前・一三四頁、本文の「生徒」を引用に際して「子ども」とした。

（3）倉橋惣三選集、第一巻・五二頁、フレーベル館

（4）『個性と保育』保育学年報一九九〇年版、日本保育学会、一一一〜一一八頁

子育て支援(child care support for families)

「子育て支援」ということばが広く用いられるようになったのは、一九九四(平成六)年十二月十六日、文部、厚生、労働、建設の四省大臣合意による「今後の子育て支援のための施策の基本的方向について」(エンゼルプラン)が発表されて以来です。

「子育て」といえば、従来母親を中心に家族で行う私的な養育の営みの意味が強く、より一般的、公的な「保育」と異なるニュアンスがありますが、その私的な子育てに対して、家庭外の公的社会的な機能が支援的にかかわろうとするもので、大きな新しい動きといえるでしょう。

■より総合的な支援を必要とするに至った社会的背景

二十世紀の中頃までの日本の社会は、三世代同居の大家族が多く、子だくさんの家庭も少なくありませんでした。隣近所との出入りも日常的で、農家も、商店も、家内手工業も、夫婦を中心に家族全員で家業を営んだと言ってもいいでしょう。

妊娠も出産も子育ても、いわば老若男女共同参画社会の中で行われました。自分自身そういう環境の中に生まれ育ち、より幼い弟妹や近所の子どもの世話も経験してから親になったうえ、相談相手や手助けにこと欠かない状態は、貧しくともある意味で子育てには恵まれた環境であったと言うことができます。

しかし、二十世紀の後半に至り、状況は大きく変わりました。近代化は職住分離を促し、第一次産業の停滞、第二次、第三次産業の隆盛を中心とする高度経済成長は、職種を問わず会社、工場へ通勤するサラリーマン化が進み、都会では中心部は人が住まず、商店主も郊外の住宅から通勤するようになりました。高度成長を支えるのは専ら男性サラリーマンで、その補助的な仕事を結婚前のＯＬが受け持つ。過労死に至る場合さえある男性を支えるのは家庭を守る専業主婦、という構図ができあがりました。

同時に進行したのが少子・核家族化です。先祖伝来の土地や両親と離れて夫婦で世帯を持ち、隣は何をする人ぞ、という閉鎖的な家庭。電化製品に囲まれて、便利でこぎれいな生活。昔のような生活は三Ｋ（きつい、汚い、危険）とさげすまれ、肉体労働、人間関係などをわずらわしく思う気持ちはそのまま出産・育児の苦労を最少限度にとどめる傾向につながりました。生活水準の上昇は、そのまま高学歴志向を生み、早期開発教育に始まる受験競争の激化は、子ども一人当たりの教育費を増大させ、少子化傾向を決定的にしました。

さらに、女性の高学歴化は男女役割分担のジェンダー差別を否定する方向に働き、女性は家庭を守って夫や子どもに尽すべきとした通念を乗り越えるべく、男女共同参画社会への動きが強まりました。この動きは、初婚年齢の上昇とともに一層の少子化をもたらし、九三年の合計特殊出生率は一・四六と史上最低を記録、九八年にはさらに一・三八、〇一年には一・三三と下がり続けています。

こうした少子化は、子どもの自主性や社会性の育ちを妨げ、社会保障費の現役負担の増大や社会の活力低下をもたらすとしてエンゼルプラン等の施策が生まれたのです。

■この流れに沿って保育所と幼稚園はどう変わったか

半世紀ぶりの改訂にしては部分的でしたが、児童福祉法が九八年度から改訂実施されました。まず保育所への入所について、従来、『保育に欠けるところがあると認めるときは（中略）、保育所に入所させて保育する措置を採らなければならない』とあったものが、『保育に欠けるところがある場合において、保護者から申込みがあったときは（中略）、保育所において保育しなければならない』となり、市町村は『保護者の保育所の選択（中略）、に資するため（中略）、その区域内における保育所の設置者、設備及び運営の状況その他の（中略）、事項に関し情報の提供を行わなければならない』として、行政上の「措置」から保護者の主体的な「選択」へと性格を変えました。

また、新たに、『保育所は（中略）、地域の住民に対してその行う保育に関し情報の提供を行い（中略）、乳児・幼児等の保育に関する相談に応じ、及び助言を行うよう努めなければならない』と、家庭における子育てへの支援を努力義務としました。

二〇〇〇年度から改訂実施された幼稚園教育要領には、次の二項が加えられました。

『幼稚園の運営に当たっては、子育て支援のために地域の人々に施設や機能を開放して、幼児教育に関する相談に応じるなど、地域の幼児教育のセンターとしての役割を果たすよう努めること。』

『地域の実態や保護者の要請により、教育課程に係る教育時間の終了後に希望する者を対象に行う教育活動については、適切な指導体制を整えるとともに、第一章に示す幼稚園教育の基本及び目標を踏まえ、また、教育課程に基づく活動との関連、幼児の心身の負担、家庭との緊密な連携などに配慮して実施すること。』

ここには幼児教育についての相談のほか、施設や機能の開放、さらに正規の教育時間外の、いわゆる「預かり保育」について明記されています。

本来、保育所は『保育に欠ける乳児又は幼児を、日日保護者の委託を受けて保育するところ』（児童福祉法）、幼稚園は、『幼児を保育し、適当な環境を与えて、その心身の発達を助長することを目的とする』（学校教育法）と規定され、それぞれ福祉と教育の施設として目的・機能を異にする存在です。もちろん、家庭の事情は異なるにせよ、対象となる幼児にとって大切な幼児期に最善の保育を保障しなければなりませんが、どちらも「園での保育はお任せください」ということでよかったのです。

しかし現在、法律の目的条項は変わりませんが、実際上の運営は、いわゆる保育ニーズの多様化に合わせて、時間外保育、地域の子育てセンター的役割と、共通の機能が要請されるようになったのです。

■間違っても「子捨て支援」にならないように

保育ニーズとは、本来子どもが必要としているものであって、それ以外の何物でもないはずです。ところが、近年しばしば用いられる場合は、親のニーズであって、だから多様化と言われるのでしょう。

親のニーズが先行し、親子の間の愛情が育つ機会や時間が限られることには問題があります。母の愛は本能だとする母性神話は否定され、生まれた子どもとの間で育つものであることが確認されています。愛情は相互的なもので、世話を求め、世話をするという中で芽生え、強められていきます。したがって、そういう機会や時間が少なくなればなるほどその関係は希薄になり、愛着も愛情もお互いに持てなくなる恐れがあるのです。

これは決して健全な姿とはいえません。子どもが不幸なことはもちろん、母親も不幸です。女性の社会進出が、過労死に至るまで働き蜂化されてきた男性の群れに女性を取り込むだけの愚は避けなければなりません。エネルギーをはじめとする環境問題を考えれば、働き過ぎは地球の死滅を早めるばかりです。幸い女性の参加を得て、大幅な労働時間の短縮やフレックスタイムの普及を実現し、男女共に子育ての責任と喜びを共有するよう、育児休暇の有給化等を推進するべきと思われます。

ソ連、東欧の自由化以来、社会主義が負けて資本主義が勝ったと即断しがちですが、それは平等の名のもとに個人の自由を奪った非人間的な硬直した体制が崩壊したのに対し、自由を土台に、格差の拡大を防ぐ社会政策を取り入れた国々が生き残ったのであって、二十一世紀は、イデオロギーを超えて、いかに自由と平等という矛盾した要素を調和させて国民の幸福を実現するかという政策競争の時代を迎えたといっていいでしょう。

わが国は高度成長の行きづまり以来、財政支出の見直しの指標に専ら経済効果を用いるようになり、そのために教育や福祉の予算が圧迫されるようになったのは「米百俵」の故事にもとるものです。経済力の極めて貧弱だった明治五年に四民平等国民皆学の学制をしき、全国各地の町村に役場よりも立派な学校を建てたことが現在の日本の国力の基礎を造ったことを忘れてはならないと思います。

財政支出を極力押さえ、あらゆる規制を緩和し、民間活力の市場原理にゆだねる――これは物や情報を対象とした経済政策としては最大のメリットをもつものですが、人間、特に幼い子どもを対象とした子育て支援の政策としては大きな問題をはらむものです。

零歳児からの長時間・長期間の保育は、確かに需要がありますが、無認可・無資格の託児所が低コストを競い合うことや、三歳児以上にしても、早期開発教育などのいわゆる目玉保育による客寄せ競争の弊害は、子どものためにも親のためにも避けなければなりません。駅型保育所がコインロッカーを連想させるものであってはならず、すべては「子どもの最善の利益」が最大限に尊重されるものでなければなりません。

二〇〇一年五月に発表された東京都教育庁の〇歳から九歳までの子育て中の母親三〇〇〇人を対象にしたアンケートによれば、子育ては「楽しいと思う」八三・六％、「楽しいと思わない」一六・一％、「子育てに悩んだ経験がある」六七・五％でした。この数をどう解釈するかは問題ですが、深刻な悩みをかかえて孤立する母親たちを一人でも多く助ける方策や努力は、コミュニティ育児サポートセンターなど、いま始まったばかりだといえるでしょう。

子ども観 (view of childhood)

子育てをはじめ、子どもへの大人の接し方は、もちろんその時のいろいろな状況によって決定されますが、根本的には、子どもというものをどういう存在として見ているかという「子ども観」に支配されます。これは個人的にもそうですが、社会の慣習や制度についても同様です。「発達」のところでも触れますが、まずその大きな流れを見てみましょう。

■人類の歴史とともに

原始時代、人々は本能的に子どもを育てたと思われます。それは間違っていませんでした。今でも動物の子育てに学ぶべきところが少なくありません。「育《はぐく》む」の語源が親鳥が翼をひろげてヒナを抱え込むことであること、子どもが幼い間は命がけで守りながら行き届いた世話をし、一定の時期がくると突き放すようにして自立を促すことなどがそれです。なまじ「子ども観」などというものをもつ以前の自然なあり方によって、人類は育てられてきたのです。

未開社会になると、子どもへの意識が自覚されました。生命誕生の不思議、その成長力、そのかわいらしさ。こうしたことから子どもを神秘の対象とし、時には神の怒りを鎮めるための犠牲とされることさえ生じました。これは人類が想像力という知的な発達を見せはじめたことに伴う悲劇ともいえるでしょう。

子どもの受難の歴史が明らかに始まったのは、古代国家の成立という高度に社会化された体制が生まれた時からでした。すべての人間をその体制や権力にとって役に立つかどうかで評価することが始まったのです。例えば都市国家スパルタでは、子どもが生まれると政府の役人が来てその子を鑑別し、その子が健康で賢く、将来スパルタのために有用な人材になると判断されると生存が許され、そうでないと判断されると殺されました。生存が許された子どもも、母親には国家の子としてあずけられ、七歳になると全寮制の国の寄宿舎に入れられて文字通りスパルタ教育を受けたのです。

役に立つかどうか、という基準で人間の価値を決めることになれば、子どもは大人に比べて小さく弱く、無知無能の役立たずということになります。何も働きがないうえに、消費ばかりし、大人の労働の足手まといになる存在です。ガキ（餓鬼）、穀つぶしといった蔑称も生まれ、障害者とともに差別されつづけることになりました。

同時に、このような子どもを早く大人に近づけ、マイナス面を矯正し、役に立つようにしなければということで「教え込み」や「訓練主義」の教育が生まれ、体罰も盛んに行なわれるようになったのです。

こうした考えは中世以降まで続きました。ルネッサンスの聖書といわれたラブレーの『パンタグリュエル物語』やエラスムスの『幼児教育論』には、当時の子どもたちが教育という名のもとにどんな残酷な扱いを受けていたかがなまなましく描かれています。

このような子ども観を打ち破って近代の児童中心主義教育の道を開いたのが、ルソー、ペスタロッチ、フレーベルをはじめとする幼児教育の先覚者たちでした。この人たちは総じて、子どもは小型の大人ではなく、子どもには子どもの世界があること、子どもには発達する力が内在し、その力を十分に使わせることによって人間としての全面的な発達が保障されるのであって、大人が考える理想の鋳型――これはしばしば大人にとって都合のよいものです――にはめ込むのは、子どもの発達をゆがめるものであることを主張しました。一九〇〇年前後、エレン・ケイが「二十世紀は児童の世紀」でなければならないとし、デューイが「児童こそ太陽系の中心」と唱えるなどによって、二十世紀の教育は児童中心主義(Principle of child-centered education)を無視しては成立しないものとなったのでした。

■子どもの天国だった日本も

わが国ではどうだったでしょうか。

山上憶良臣《やまのうえのおくらおみ》の、宴《うたげ》よりまかる歌一首
憶良らは　今はまからむ　子泣くらむ
それその母も　わを待つらむぞ

子らを思ふ歌一首並びに序

釈迦如来、金口《こむく》にまさに説き給はく、等しく衆生《しゅうじょう》を思ふこと羅睺羅《らごら》（釈迦の子）のごとしと。また、説き給はく、愛は子にすぐるなしと。至極の大聖すら、なほ子を愛しむるの心あり。まして、世間《よのなか》の蒼生《あをひとくさ》、たれか子を愛しまざらめや。

瓜《うり》食《は》めば　子ども思ほゆ
栗食めば　ましてしのはゆ
いづくより　来たりしものぞ
まなかひに　もとなかかりて
安眠《やすい》し寝《な》さぬ

反歌

銀《しろがね》も金《くがね》も玉も何せむに
まされる宝　子に如《し》かめやも

万葉の歌人山上憶良の詠んだこれらの歌には、子どもへの純愛ともいうべきものが溢れています。八世紀当初のことです。ところが、時代が下がると、

からころも　裾《すそ》に取りつき　泣く子らを
置きてぞ来ぬや　母《おも》なしにして

という防人《さきもり》の歌が詠まれるなど、社会体制に由来する子どもの受難が現れます。さらに下っては近世に至るまで、ひどい時には八公二民という領主の収奪に苦しんだ貧農の間に、「間引き」と称する嬰《えい》児殺

しの悲惨な習慣が生じたりしました。

しかし一般に、「子宝」「授かりもの」「神のもの」などの感覚が強く、お稽古ごとも「六歳の六月」を始期とするなど、子どもに対する過酷な仕打ちはヨーロッパに比べて少なかったと思われます。明治初年に日本を訪れた外国人が、この国は至るところに子どもの声が溢れ、大人から大切に扱われていると記していることなどにもそれは表れています。

その後わが国は、欧米に追いつき追い越すための近代化政策と、その士気を鼓舞するために採った天皇絶対の軍国主義教育とが競合する中で、子どもへの見方は急速にスパルタ化していきました。明治五年の学制では、教育は国家のためではなく個人のためであるとうたわれたのに対し、同一九年学校令体制を布いた初代文部大臣森有礼は

今国家ノ為メトシテ女教員養成ノ精神ヲ言顕サンカ為メニ想像ノ例ヲ挙クレハ母カ孩児ヲ保育スル図、子ヲ教ル図、丁年ニ達シテ軍隊ニ入ルノ前母別ルル図、国難ニ際シテ子ノ勇戦スル図、子ノ戦死ノ報告母ニ達スル図等ノ額面七八枚ヲ教場ニ揚ルコト是ナリ女子教育ノ精神ハ此度ニ達セサル可カラス

と述べています。明治二十年岐阜県庁における説示で、日清戦争より七年も前のことですから驚きます。これはまさに、ルソーが『エミール』（今野一雄訳　岩波文庫）の中で、
あるスパルタの婦人は、五人の男の子を戦場に送った。そして戦闘の知らせを待っていた。知らせの奴隷が到着した。彼女はふるえながら戦闘の様子をたずねた。「五人のお子さまは戦死なさいました。」「いやしい奴隷よ、わたしはそんなことをおまえにきいたのか。」「わが軍は勝利を得ました。」母親は神殿にかけつけて、神々に感謝を捧げた。これが市民の妻だ。

と述べているのと一致するところです。

一九四五年第二次世界大戦の敗戦によって初めて人権に基盤を置く主権在民の近代民主主義国となった日本ですが、過去を引きずりながらまた新しい問題を抱えました。

その一つが、国のための子育てが、親のための子育てに替えられただけで、子ども自身のための子育てになかなかならない点です。親の虚栄心や誤解から早期開発教育指向が広がり、人間として幸せに生きる力の根を育む保育を妨げ、最近ではさらに、子どもを機械のようにマニュアル（取り扱い説明書）通りに操作するべきものと考え、思い通りにならないとノイローゼ、パニック、幼児虐待などに至るケースも増加しています。

■二十一世紀へ向けて

国際的には、子どもは長い成長発達の期間と教育を保障するために大人のような労働をさせてはならないことなどを中心に、「保護を受ける客体としての子ども」観が、一九二四年国際連盟の「児童の権利に関するジュネーブ宣言」が出され、こうした、大人には子どもの利益を図る義務がある、という考えは多くの国で定着してきました。一九五一年制定されたわが国の児童憲章も基本的にはこの流れを汲むものといってよいでしょう。

さらに一歩を進めたのが、一九八九年に国際連合で採択され、一九九四年にわが国でも批准された「子どもの権利に関する条約」です。（恥ずかしいことに日本は一五八番目の締約国です）ここには初めて「権利行使の主体としての子ども観」が打ち出されました。つまり、子どもを単に、大人の保護を受ける受動的存在としてとらえるのではなく、自ら意見を表明し、決定に参画していく能動的存在としてとらえているのです。つまり、子どもの主体的な人間としての権利、子どもの自己決定力に対する信頼とその育成が打ち出されているのです。

このように見てくると、二十世紀の最後に至って、子ども観は一定の段階に到達することができたとの感を深くします。ただし現実は多種多様の問題をはらみ、その解決は容易なことではありません。子どもは育つ存在であると同時に、育つ場が与えられなければ育たない存在です。現実の一人ひとりの子どもとかかわりながら、私たちはそれぞれの子ども観を深め、共に育つ喜びを共有しつづける必要があると思われます。

自尊心（pride）

「①自分を優秀な者だと思う気持ち。②自分の品位を保とうとする心」（大辞林）「自尊の気持。特に、自分の尊厳を意識・主張して、他人の干渉を排除しようとする心理・態度」（広辞苑）「自分を大事にし誇りを持つこと」（新明解国語辞典）などとある自尊心について考えてみましょう。

■外国人が感服した日本人の態度

一般の辞書にあるこうした解釈から受ける印象は、必ずしもいいものではありません。特に個人主義・合理主義の近代を早く経験した欧米に対し、わが国では仏教・儒教の影響を強く受け、己れを空しくして我執を去ること、謙虚であること、が尊ばれてきた歴史があります。ちなみに「謙虚」は「自分の存在を低いものと客観的に見、相手の考えなどの中に取るべきものが有ればすなおに受け入れる態度を失わない様子」（新明解国語辞典）とあって、自尊心をもつことは謙虚さを欠き、人格として望ましくないという通念が強いと思われます。

ところが、幕末から明治初年にかけて、それまで交流のなかった欧米諸国に派遣された日本代表や、渡来した欧米代表を迎えた日本側についての欧米側の印象は、ほぼ例外なく、日本人は小柄ながら背すじを伸ばし胸を張り、堂々として礼儀正しく、われわれの話をよく聴くと同時に自己主張も臆することがなかった、というものであったと伝えられています。これは何を意味しているでしょうか。

欧米人と接触した日本人が、武士であったということを見逃すことはできません。武士は士農工商の四民のトップに位置する支配者であり、そのイデオロギーは義利の弁といって、武士は君臣父子の義のために生涯を捧げる滅私奉公の尊い存在であり、商人は私利私欲を追求する卑しい存在であるという観念でした。「武士は食わねど高楊枝」という諺《ことわざ》の通り、実質は農工商に頼る貧しい存在でありながら気位いだけは高く、空腹のそぶりなどは見せないというプライドの固まりだったのです。

プライドを保持するために必要なことは、「恥を知る」ということでした。最も侮辱的なレッテルは、「恥知らず」です。負けることは「恥辱《ちじょく》」であり、「雪辱《せつじょく》」（はじをそそぐ）しなければなりません。ルース・ベネディクトが「菊と刀」で指摘した通り、欧米の道徳意識の中核が神に対する「罪」の意識であり、個人の良心の問題であるのに対し、日本のそれは、人様にどう見られるかという、世間に対する「恥」の意識だったのです。

神国日本・鬼畜米英という、日本神話の拡大解釈による「聖戦」は、間違った自尊心による戦意も空しく敗れました。

戦後日本は軍国主義的封建道徳と共に、「恥」の文化も自ら葬りました。それに代るべき一神教的「罪」

の文化にもなじめず、人権を中心とする自由・平等・博愛の近代民主主義道徳も不徹底のまま高度経済成長を遂げたのです。そのバブルがはじけるに及んで、日本人は自信も自尊心も失なったように見えます。

戦前の教育を受けた人たちは「恥」の文化がしみついています。虚構の妄信であったにせよ日本人としての誇りも経験しています。戦後生まれの人たちは、その戦前生まれの人たちを親として育ったのですが、その親が自信を失って、新しい日本の道徳を模索している間に育ったので、受けた教育に相当なばらつきが感じられます。次の世代は一層のひろがりを見せているようです。

政治家や官僚の汚職、銀行や企業の粉飾決算、教師・医師・警察官などの非行、特に続発する食品会社の犯罪、さらにその弁償に対して押しかけて虚偽の申告をしてだまし取る若者たち……文字通りハレンチ（破廉恥）な日本人が続々と問題を起こしているのです。まさに最初に記した辞書の「自分の品位を保とうとする心」や「自分を大事にし誇りを持つこと」を失なったみじめな有様といえるでしょう。

■直接人にかかわる中で学ぶべきことの欠落

人目を意識する恥の文化の消失も目に余るものがあります。若い女性の車内での化粧はよく知られるところですが、近頃は車内で物を食べる人も出て来ました。教室での私語もそれに関係があるようです。私語をやめない学生が現れた当時のこと、「私の話に対抗して話し続けているそこの人、私の話よりもっと面白くてためになる話をしているに違いない。交代しよう」と言うと、「そんなことないですよ、今先生の話が面白いので、それについて話してるんだから」と言います。念のため尋ねると私の話の中身をよく聴いていたのです。その時気がついたのは、テレビつけ放しの部屋で育った子が大学生になったのだということです。

テレビはこちらから見たり聞いたりしていても、向こう（スタジオ）にこちらの姿は見えず、声も聞こえない。だからブラウン管の顔や話を全く無視して振舞うことができる……こういう環境で育てば人の目や耳を意識しない行動が生まれる道理です。

彼らに悪気のないことを知ってから私は、「授業は直接の人間関係。私の顔が見え声が聞こえるということは君たちの顔も見え声も聞こえるということだ。マナーの練習をしよう」と言うことにしています。最近の保育参観の親たちのマナーにも驚かされることがあります。保育者が「さあ皆さんとお母さんたちと、どっちがお話よく聴いてくれるかな?」とそれとなく注意しても、おしゃべりをつづける場面が少なくないのですから。

これは死語ですが、「人も無《な》げな振舞い」が社会生活の場で横行しているのは問題です。これは、人目を意識しない、という以上に、人の迷惑を省みないという不道徳であり、他者の人権を侵害していることでもあります。

実はここが重要なところです。「自分を大事にし誇りを持つこと」は「自分を粗末にし卑屈になること」の反対であって、「人を軽蔑したり無視したりすること」ではないのです。「優越感と劣等感」の項で述べる通り、自尊心が単なる他卑心であったら、それは自分にとっても人にとっても有害無益なものになりかねません。以下、すべての人が持たねば幸せな個人も社会もないという本当の自尊心について考えることにしましょう。

■他を受け入れ、尊重する本当のプライド

自尊心と呼ばれる自尊感情は、自己に対する評価感情で、自分自身を基本的に価値あるものとする感覚です。この感覚は、その人自身がいつも意識しているわけではありませんが、その人の感じ方、考え方、言動、態度などを基本的に方向づけるものです。

自分自身の存在や自分が生きることを基本的に価値あるものとして評価し、信頼することによって、人は積極的意欲的にいろいろな経験を積み重ね、充実感をもち、自分をも、他人をも受け入れることができるのです。したがって自尊心は、心の健康や社会への適応の基盤をなすものでもあります。

自分を受け入れること、つまり自己受容は、正しい自尊心と表裏一体をなしています。人は誰でも自分でも認めたくない自分の感情、特性、境遇、運命などをもっていますが、それを認める勇気がないと、自信喪失、自己嫌悪、劣等感など、また逆に示威的攻撃的態度などの過剰補償に陥ります。対人関係の悩みなどの心理療法でも、クライエント（相談者）を自己受容に到達させることが目標になるのは、自分を受け入れることが、他者受容を可能にし、良好な人間関係の基盤をつくることになるからです。

自信も、自己についての肯定的評価ですが、自尊心が全体としての自分を評価するのに対して、自信は、例えば「観賞には自信があるが表現には自信がない」というように、個別の分野や領域についての評価であることが特徴です。こうした限定された自信が一つでもあれば、それによって自尊心が形成される可能性があります。

自尊心を裏づけるものとして、自己効力感があります。これは、⑴自分が行動の主体である、⑵自分が行動を統制している、⑶自分は外部の要請に対応している、という三つのことについて完全に実行で

きているという確信のことです。これは自分の活動の結果、環境に変化を与えることができたという成功経験によって生まれ、積み重ねによって強化されます。

「発達」などの項で触れますが、私は幼児期の発達課題の一つに「有能感」を挙げています。これは、初めてすることはなかなかうまくいかないが、何度もしていると少しずつでも必ず上達するという自信のことです。これを身につけることが生涯を通して自分を向上させる大きな力になります。

こうした自尊心に関連する多くのことが、幼少期にふさわしい、遊びを中心とした主体的な生活によって身につくことがわかってきました。

異年齢児が混ざって遊ぶと、わずかでも年少の子に対して、より年長の子が優しくいたわる姿が見られます。保育体験に出た中学生が、日頃のつっぱりぶりからは想像もつかないいいお兄ちゃんお姉ちゃんになり、学校へ帰ってからも人間が変ったという話も聞きます。これも年長者としての自尊感情によるものでしょう。

プライドを持たず、恥を知らなければ、人間がどこまで堕落するか。それで幸せならともかく、悲劇的な結果を現実の社会が見せてくれています。人間として幸せに、よりよく生きるために、私たちは一人ひとりの子どもに人間の尊厳を教え、相互に尊重し合って生きる本当の心地よさを、幼い心に刻ませたいものです。

付言します。日本人が自尊心を取り戻すには、過去の侵略戦争の歴史を自虐的として抹消しなければならないとする考えがありますが、これこそ「恥知らず」です。事実を歪曲して自己を正当化した先祖より、自らの犯した過ちを率直に認めて潔く出直し、国際協調に基く平和主義の先頭を行くことによって世界の信頼を得るようになった先祖をもつ誇りこそ、これからの日本人の自尊心の大きなよりどころとなるべきでしょう。

しつけ (discipline)

■「しつけ」とは

「あの子はしつけがよくできている」「親のしつけがいいからね」「しつけができていないからだらしない」「あの園はしつけにきびしいそうよ」――などとよく使われる「しつけ」について考えてみましょう。

「しつけ」という言葉は、もともとは稲の苗をタテ・ヨコを正しく曲がらないように植えつけることから「田植え」を意味したり、「しつけ糸」「しつけ針」のように衣服の縫い目を正しく整えるためにざっと縫いつけておくことを意味していました。そのことから、「礼儀作法を身につけさせること。また、身についた礼儀作法」（広辞苑）をいうようになったのです。

前近代社会の封建道徳は身分の上下関係を中心とするものでしたから、特に「かたち」の上できびしくしつけられました。「行儀見習い」は教育の重要な柱でした。明治初年の道徳教科書『修身口授』は「ぎょうぎのさとし」とふりがながついていたくらいです。

それが民主主義の自由や平等の理念に反することから、戦後全面的に否定されました。確かにその内容や方法には否定されるべきものが多くありました。だからそれを改め、民主的な社会に生きるしつけの内容や方法を生み出して行うべきであったのですが、それが不十分で混乱したまま現在に至っているといってもいいでしょう。

人間としての豊かな可能性をもって生まれた一人ひとりの子どもは、環境によって人間らしさを学んで育ちます。人間らしさこそ文化といわれるもので、一般に知識・技能・態度に集約されていますが、そのうち、しつけは態度に深くかかわるものです。態度がいいとか悪いとかは表面に現れた言動で評価されがちですが、実は態度とは、あらゆることに対する精神的態度、つまり心的傾向をいう言葉でもあります。興味・関心・意欲をはじめ、主体性としての人格そのものといってもいいほどのものがあります。

つまりしつけとは、主として「かたち」に表現される「こころ」の態度です。しかも「躾」という日本で作られた漢字が示すように、「かたち」の上でも「こころ」の上でも、節度のある折り目正しい振舞いという美学に裏打ちされたものといえるでしょう。どんなに心が正しくとも、マナーやエチケットを知らなければしつけができているとは言えず、マナーやエチケットの知識があっても、実行できなかったり心が伴わなかったりしたのでは同様です。

こうしたことを含めて、しつけとは、望ましい(幸せに生きるために必要な)基本的生活態度の習慣化であると言っていいでしょう。以下、これにかかわる大切な問題についていくつか考えたいと思います。

■習慣化することの意味

私たちは毎朝ほぼ一定の時間に目を覚まし、寝具を片づけ、顔を洗い、歯を磨き、朝のあいさつをして食事をし、用を済ませて手を洗い、着がえをして出勤したり、その日の仕事にとりかかります。道を歩くときは信号を守り、知っている人に会ったらあいさつをかわします。

こうしたことを私たちは、ある意味では自然に、あまり一つ一つのことにこだわったり特別の決意や努力を必要としないで、かなり多くのことをやってのけています。

このように、日常繰り返す行動について習慣化が進めば、安定していろいろなことを行うことができるのですが、もし習慣化ができていないと、そのつど改めて一からすることになり、そのときの気分に左右されたり、忘れたり、やり過ぎたりして、大きな力を費やしながら結果として不安定な、失敗の多い日常生活になってしまうでしょう。

このように、日常生活に必要な行動様式を身につけておくことは、そのことが目的であるよりも、そのことによって節約されたエネルギーを、より大切なことに向けるために大切なことです。実際、マナーや立ち居振る舞いばかり気にしていたら仕事にならず、だからといってマナーに反した行動をとれば相手から受け入れられず、結果として幸せな人生はとても望めません。

したがって幼児期から、無理のない範囲で必要な生活行動や態度を習慣化していくことはとても大切なことです。食事、睡眠、排泄、着衣、清潔といった基本的な生活習慣が身につかないと、後々に大きな影響を残すことになりかねません。

このことはしかし、何でも習慣化すればいいということではありません。その本人の一生にとっても、周囲の人々や社会全体にとっても、幸福をもたらすものでなければならないことは言うまでもないことでしょう。ルソーは「子どもにつけさせてもいいたった一つの習慣は、どんな習慣にもなじまないということだ」と言っています。この逆説的な言い方は、大人がよほどしっかり考えていかないと、大人のわがままか、逆に子どものわがままに従う習慣をつけてしまうことを警告しているのです。

最も大切なことは、大人への大きな依存のなかで、幼児が少しずつ、自分で考え、自分で行動し、自分で責任をもつ（人のせいにしない）自立と、人の喜びや悲しみをわがこととする連帯の能力をはぐくむことで、そうした生きる力や愛する心を自分のものとして生活の中に実現するための習慣化でなければならないということです。

■しつけのポイント

1　大人がモデル

たとえば、「落ち着いてご飯を食べなさい」と言いながら、親が席を立ちがちであっては、子どもは落ち着いて食事するようにはなりません。何をおいても、大人が心地よい生活マナーのモデルになる必要があります。歯を磨く、手を洗うなどの習慣も、生活のリズムを大切にしながら、その中でいっしょに実行して、はじめて身につくものです。

2　必要感と結果の楽しさ

幼児は自分の好きな遊びをしようとするときはその準備に精を出し、またその後片づけもしっかりやるものです。こうした機会を活用して、次第に身辺の自立や、協力して仕事をする楽しさを知り、習慣化することが大切です。

3 「ほめる・叱る」より「認める・励ます」

よいことをしたらほめ、悪いことをしたら叱る――このように、賞罰の原則を守ることは最小限度必要です。しかし、このことだけに頼ろうとすると弊害が生じます。これは動物を調教する方法としては最善であっても、人間を育てる方法としては大きな欠陥をもっているからです。

一つは、賞罰だけを気にして行動する習慣が身につき、ほめられなければつまらない、見つからなければ悪いことをしてもいい、という子どもになる恐れがあり、自分で善悪を考える力が必ずしも育たないということです。子どもは大人の価値観を敏感に吸収し、大人が考える以上に善悪を知っており、よいことをしたがっています。それを認めることが大切なのです。「ダメじゃないか」と叱っても、ダメなことは本人がいちばんよくわかっているのです。「お父さんもお母さんも先生も、子どもの頃はよく失敗した。でもそれに負けずに何度もやりなおしたから立派に大人になれた。がんばろうね」と励ましていきたいものです。

4 愛情をもってねばりづよく

私の敬愛するA園長は、毎朝門に立って子ども一人ひとりに声をかけて出迎えます。私と立ち話をしていたら一人の子がドカンとぶつかって、先生が「やあ○○くん、おはよう」と言うのに返事もせずに行ってしまいました。次の子は「園長のバカ」と言って行きました。A先生は私に「嬉しいじゃないですか。入園の頃私のことを無視したり緊張したりしていたあの子たちが私を人間として認めてくれるようになったんですよ」と言うのです。

半年後、その子たちは園長先生の姿を見かけると例外なく小走りに寄ってきて、それぞれの言葉で親しみを込めてあいさつをするようになっていました。

アメリカに滞在した時のことです。家庭でも公園でもレストランでも、親が幼い子どもに「サンキュー」「エクスキューズミー」「プリーズ」と言わせる姿が印象的でした。それも、「人にはそれぞれの大切な生活があるのです。それをあなたのために使ってくださったら『ありがとう』を、迷惑をかけたら『ごめんなさい』を、お願いするのなら『どうぞ』を言わなければなりません」と理由を添えて、繰り返し命じていました。

私の研究室に取材に来た新聞記者が、自分の名刺を確かめて、その向きのまま私に突き出しました。私は受け取ってから向きを変えなければ読めませんでした。私は幼児教育、保育についてわかってもらいたいので、マスコミに対して協力を惜しまないつもりですが、その時はどうしても積極的になれませんでした。彼の後を追って教えてあげるべきかとまで思いましたが。彼は間もなく転職したという話を聞きました。名刺の出し方が非常識では、どんなに有能な人でもいい取材ができるはずがありません。こんなことは学校でも社員研修でも教えてくれません。まさに幼い時からのしつけの問題です。

「手はおひざ、口にはチャック！」といったしつけではなく、愛情をもって人間らしい「こころ」を育て、それが正しく「かたち」に表せるように惜しみない援助を与えることは、私たち大人の責任であり、子どもの一生に実を結ぶ張り合いのある仕事なのです。

指導（guidance）

わが国では一般に、「指導」ということは、何らかの意味で強い立場の者が、弱い立場の者に対して、自分の考える一定の方向を指示し、導き、従わせる——といったひびきで用いられることが少なくないようです。しかし、これは指導というよりも、指示であり、命令であり、強制であって、本来の意味の「方向を示して導くこと」が硬直化してしまっているといえます。

英語でいえば、ガイド、リード、コーチなどに当たるでしょう。ガイドブックは旅行者が目的や道順や方法を見つける参考書であり、リーダーは先頭に立って案内する人、コーチはよりよい判断のための助言者です。要するに指導とは、本人がよりよく進むための（という方向性をもった）援助、支援のことなのです。

教育に関してしばしば用いられる「ガイダンス」が、わが国でも「指導」と訳され、主として生活指導（生徒指導）、進路指導、職業指導などの面に用いられてきたのは知られているとおりです。ガイダンスとは、カウンセリングを含み、個人が自分の能力を見いだしてその能力を発揮できるよう、適切な相談相手となって指導する過程をいうのです。それは単に相手の悩みを聞く単純な作業ではなく、その人自身の力で問題を見つめ、価値観を変え、解決法を見いだしていくよう寄り添って助言する専門的な技法を必要とする過程なので、そのためには長期にわたる専門的な研修を経なければならないとされています。

幼児を対象とする指導は、このガイダンスやカウンセリングそのものではないとしても、その本質的な性格――幼児一人ひとりが自分の力で自己課題に取り組み、新しい価値観を生み出し、課題解決の力を高めていくように援助する――ということにおいて、きわめて共通のものをもっているといえるでしょう。

指導が、単に指示し、命令し、強制するものであるとか、逆に単にいっしょに遊んだり話し合ったりすればいいというものであるならば、幼児の指導に当たる保育者に、それほど高い専門性を必要とはしないでしょう。指導という、一見単純な言葉で表されている内容は、想像以上に深いものがあり、したがって高度に専門的な、長期にわたる研修も必要とされるのです。

■発達や学習の主体は子ども――ではなぜ指導が必要か

E難度をクリアする超一流の体操選手でも、生涯を通じて最も困難な運動技能は「立つ」ことと「歩く」ことだといわれますが、特別な障害のある子を除いては全員が満一歳前後に達成しています。そこに見られるのは次の六条件です。

① 子どもは自分の中に育ってきた力を必ず使おうとするという自発的使用の原理
② 学ぶとは、なりたい自分を見出し、それに向かって努力することだというモデルと学習の原理
③ つかまり立ちのための物的環境
④ つたい歩きのような内蔵された練習プログラムの発現
⑤ 失敗を責めず成功を喜ぶ人的環境
⑥ 自己課題による反復練習

これらは、子どもの発達に必要な環境条件であり、保育者が指導計画を立案する際の六要素として整理することもできる大切なものです。

「遺伝と環境」の項で述べているように、人間の知識・技能は一代限りで、遺伝することがありません。すべては後天的学習にかかっているのです。何かを知っているということは、生まれてから覚えたということ、何かができるということは生まれてからそれをやった、ということです。だからといって、教えればいい、やらせればいい、というわけにはいきません。

学生諸君への講義で言うことがあります。

「諸君はこの一回九十分の講義を、十四週二十一時間聴講して二単位を取得することになっている。私はそれだけ話し続けるのだが、諸君が聴講したと言えるのは、そのうちどのくらいの『ぶどまり』だと思う？　さらに、『学んだ』と言えるのは、そのうち耳で聴き、頭で理解し、心で共感した部分だけじゃないだろうか。学習の中身は、どれだけ教えたかではなく、どれだけ学んだか、なんだからね」

つまり、馬を水辺に連れてくることはできても、馬自身が飲まなければ一滴も飲ますことはできないのです。学習は本質的に自発性によって成立するものであり、強制的学習は厳密には成立しないといっ

ていいでしょう。

これほど自発性が決定的要素である学習ですが、すべてを自発的学習に任せたらどうなるでしょう。自発的学習には次のような大きな限界があります。

一つは、恣意性（気まま、思いつき任せ）です。自発的使用の原理はあくまでも大きな枠組みであって、偶然の環境条件で何をするかしないかは本人の思いつき次第ですから、何が自分の現在や未来に大切なことかというような価値判断には遠いものがあります。

もう一つは、徒労や失敗が多いことです。必要な努力は無駄ではありませんが、無益な努力は有益なことに回す方がいいでしょう。特に生命にかかわるような取り返しのつかない失敗は絶対に避けなければなりません。

もう一つは、環境の狭さです。私たちは直接の環境からすべてを学習するので、その環境に決定的に支配されます。職業世襲の前近代社会ならともかく、両親をはじめとする家族、地域社会から国家に至るまで、それぞれ独自の環境の中に育つ私たちが、そこでしか通用しない知識や文化に限定されることは人生の適応力を著しく狭めます。

このような限界を取り除き、学習の本質である自発性が、大切なことに向けられ、十分に発揮されるようにしなければなりません。そのために必要な援助が「指導」なのです。

■幼児期の特性を踏まえ環境を通して行う援助

保育や幼児教育の世界で「指導」ということばが用いられることはほとんどありませんでした。わずかに倉橋惣三が『幼稚園真諦』において、「幼児のさながらの生活―｛自由 設備｝―自己充実―充実指導―誘導―教導」という図式を示した中に「充実指導」ということばがあったのが目立つくらいだと言っていいでしょう。この図式は、幼児の発達はごく自然な幼児らしい生活がすべての基礎であること、そこに十分な自由と物的環境を与えると幼児はそれぞれの発達課題に適した興味・関心をもって取り組み、自己充実をすること、しかし中には十分な自己充実ができない子がいるので、ほんのちょっと手を貸して自己充実を援助すること、さらに幼児の興味・関心には系統性がないので、それに系統性を与えるように誘導すること、そして最後に、最少限度の教導によって仕上げをすること、――これが「誘導保育」と呼ばれる有名な図式です。

ここに示されている考えは今もなお輝きを失いません。この順序が大切なのです。もし前半の三項目だけで終わったら放任に近いものになってしまうでしょう。また後半の三項目ばかりだったら教師主導の弊害は明らかです。また、わずかに倉橋によって用いられた「指導」が、「自己充実への援助」を示すものであったことも意味深いものがあります。

このように、幼稚園や保育所に用いられることの少なかった「指導」ですが、それが全面的に用いられるようになったのは、昭和二十二年学校教育法に幼稚園が位置づけられ、三十一年に幼稚園教育要領が示されて、学校教育に共通する用語や概念が用いられるようになってからです。当初は、坂元彦太郎や倉橋惣三ら先覚者たちが工夫して「幼稚園は、幼児を保育し、適当な環境を与えて、その心身の発達を助長することを目的とする。」（学校教育法第七十七条）のように、「幼児を指導し」とすることさえ避けたのです。戦前「教授法」と呼ばれたものが「学習指導法」と名を代えたように、この当時の「指導」は最初に述べたように学習主体を重んじるガイダンス的意味あいの強いものだったのですが、それでも幼稚園のミニ学校化を恐れ、幼児教育独自の指導のあり方を「保育」ということばで守ろうとされたわけです。

最初の教育要領が六領域を中心とした指導計画を強調したことなどが反省されて生まれた三十九年の幼稚園教育要領、四十年の保育所保育指針のいずれも「指導」が強調されました。『幼稚園教育指導書一般編』に、「幼児に望ましい経験や活動をもたせ、その心身がよりよく発達するように助ける保育者の実践的活動が指導である」と述べられ、あくまでも援助であることが示されていたのですが、それが十分には理解されず「望ましい経験や活動をもたせ」ということが活動を強制するように受け取られたり、学習指導や生徒指導のような感じで授業のような保育が行われる傾向が生まれたのです。このため四半世紀ぶりに抜本的に改訂された平成元年以来の教育要領では、第一章総則の頭初に「幼稚園教育は、学校教育法第七十七条に規定する目的を達成するため、幼児期の特性を踏まえ、環境を通して行うものであることを基本とする。」と規定し、「指導」とはこの「幼稚園教育の基本にもとづいて行う援助のすべて」であると説明されるようになりました。

この前記七十七条の規定は、十七条の「小学校は、心身の発達に応じ、初等普通教育を施すことを目的とする。」と比べて明らかなように、発達するのは幼児自身であり、それにふさわしい環境を与えてその発達を助長つまり援助するのが幼稚園教育であることが示されています。

生活科や総合学習の時間の創設など、小学校教育にも学習主体としての児童を重んじ、学んだ力よりも学ぶ力を育てようとする傾向が強まり、学習を「支援」することが指導だという認識が生まれています。これは喜ばしいことですが、それでも「幼児期の特性を踏まえ、環境を通して行う」援助としての指導とは大きく異なる面があることを忘れてはならないでしょう。

児童虐待 (child abuse)

子どもに対する暴力行為をはじめ、子どもを酷使したり、当然与えるべき養育をしなかったり、不当な扱いによって心身に被害を与え、子どもの人権を侵害することのすべてをいいます。

人権の侵害は誰に対しても許されるべきではありませんが、その対象が子どもである場合の悲惨さは特別です。大人によって十分な保護が与えられなければならない子どもが、それを与えられなかったり、さらに腕力に歴然とした差のある大人に暴力を振るわれることはまさに「嬰児《あかご》の手をひねる」と表現される無抵抗な者への残忍な行為です。

また、言葉や態度による暴力も、子どもの心を深く傷つけます。子どもは言い返すこともできなければ、大人から感じられる敵意だけでも、子どもを絶望的な怒りや恐怖におびえさせるものがあります。さらに近年は子どものポルノ画像がインターネットで売買されたり、子どもを直接性欲の対象とするような破廉恥な行為も問題化しています。

こうしたことから、現在では一般に

1 身体的虐待
2 養育放棄、放置（ネグレクト）
3 心理的虐待
4 性的虐待

の四種に分類されています。

■質量ともに深刻化する子どもへの虐待

いつの世にも子どもへの虐待はあったと考えられますが、人権意識に目覚めた近代社会、「子どもの権利条約」が締結された現代社会にあって、むしろ事態が深刻化している現実があります。

一九六一年、ケンプ（Kemp,C.H.）によって「被虐待児症候群」（battered child syndrome）の報告がなされたのを皮切りに、一九七〇年代になると、必ずしも暴力を伴わない養育の怠慢や放置なども虐待として考えられるようになり、一九九三年には全米で三百万件ものケースが通告され、そのほぼ半数について虐待が確認されたということです。

日本では九〇年代から関心が高まり、一九九六年には児童相談所が把握した年間件数は二千件程度であったものが、現在では潜在しているものを含めれば二万件に達するものと推定されます。

最近では、実の親、親に代わる保護者のほか、託児施設、保育所、幼稚園、学校、入所施設などでの虐待も問題化しており、積極的援助としての「介入」（intervention）の必要も叫ばれるようになりました。虐待を受けた子どもに対しての医療的心理的ケアはもちろん、養育者に対しての社会福祉的な働きかけや、養育者自身への心理的治療的な働きかけなどの社会的心理的支援の必要性が認識されつつあります。

虐待を受けた子どもの被害は深刻なものがあります。一回の暴力で殺される場合もあれば、長期間にわたる日常的な暴力で死に至り、遺体には多くの度重なる傷痕が残されていたり、食べ物もろくに与えられなかったために衰弱しきっていたという悲惨な例もあります。最悪の事態は免れても、肉体的にも精神的にも重い後遺症を残す場合も少なくありません。トラウマ（心的外傷体験）をもつ人が、自分が親になったとき、わが子に対して虐待を繰り返すという説も有力です。これは宿命的なものというよりは、乱暴なモデルからの学習の影響と考えるべきですし、トラウマは臨床心理治療によって克服する可能性があるので絶望してはいけませんが、それにしてもこうした被害は根絶を目指すべきものに違いありません。

■マニュアルがなければ操作できないイライラ

ある病院で、負傷して受診する子どもの数が増加しました。一人の子どもは七回も同じようなけがで連れて来られ、母親は階段から落ちたと言うのですが、どうもそのようなけがとは思えないので、医師がゆっくり話を聞いて心を開いてもらったところ、私がやりましたとわが子への虐待を白状したというのです。そこで医師は、これはこの人に限らないと、多くのカルテを点検して虐待の疑いのある場合を取り出し、保護者に電話をかけました。「その後いかがですか。体のことばかりでなく心のことでも、親子のことでも何でも気軽に相談してください」と、いわば幼児虐待一一〇番を開設したところ、次々に白状する親が出ました。

医師の指導のもとにこうした母親たちのサークルができ、その場面がテレビで放映されたことがあります。顔はモザイクに、声はオクターブを変えてプライバシーが守られていましたが、話の内容は非常に率直に現代の若い母親の置かれている状況を物語るものでした。

最初に発言した人が「私が子どもにこんなことをしてしまう原因をよく考えてみたら、子どもが生まれるときにマニュアルを持って来なかったからだと気が付いたんです」と言うではありませんか。私は、なるほど、そういう時代なのだと思いました。

いまや私たちは電化製品やパソコン・ケイタイなど、機械に囲まれて生活しています。これらはすべてマニュアル（取り扱い説明書）通りにやらなければ動きません。また、マニュアル通りにすれば必ず操作できるのです。こういう中に生まれ育った若い母親たちは、わが子を生んで、それをどう取り扱ったらいいのかわからないのです。

この発言を受けた人が「そうでしょ、だから私、本屋さんへ行って育児書を買ったんです。だけど、書いてある通りにいかないんですよ」と言うではありませんか。私もそういう本（例えば『幼児期の家庭教育』ひかりのくに刊）を書いているので、それはそうだろうと思いました。どんなに多くの実例を挙げても、それは一例ずつに過ぎません。そこに書かれている理論と実例を参考にして、自分と子どもとの間で工夫していただかなければ、と。

ところがその人が言うのはもっと極端なのです。「育児書に、幼い子どもは夜九時には寝かせなさいと書いてあったので、九時まで待って、九時よ、寝なさい、というのに寝ないんですよ。私、頭へ来て突き飛ばしてしまったんです」それを聞いた母親たちが一斉にうなづいて共感を示しました。

この番組の最後に、心理学者のコメントがありました。それは、この母親たちに共通するのは、幼い時から課題を与えられ、取り組み方を教えられ、それに忠実に従って次々と課題をこなしてきた高学歴の専業主婦です、と。自分の子をもってみて、初めてどうしていいかわからなくなってパニックを起こしているという分析でした。

幼い時から決められた答の解き方を教え込まれ、自分で問題を解決する力が育っていないという指摘は正しいと思います。同時に私は、いまの親たちの体験不足が直接の原因だと思えるのです。非常勤で保育原理を教えたある大学で、保育科の学生二五〇人にたずねたところ、小さな子どもと遊んだことのある人一三〇人、はまだいいとして、赤ん坊を抱いたことのある人はわずか五人でした。

■母親を中心としながらみんなで子育てを

参政権も与えられずに差別されていた昔の女性の方が、法律上同権になった現在の女性よりも恵まれていたという事実があります。

まず大家族で共働きだったということです。農家はもとより、家内工業も商店も専業主婦など存在せず、家族総出で働いていました。主婦が身ごもると、お前さんは身重なんだから無理しちゃいけないよと軽作業に回されました。隣近所の交流もプライバシーがないくらいに盛んで、出産もみんなの手を借りて済まし、産後の肥立ちが大事だよといたわられながら職場復帰です。小さい時から弟妹の世話をし、近所の赤ちゃんのお守りもし、子育て中の親子の間柄も見なれています。年寄りからいろいろ教わることもできます。それだけに苦労な面ももちろんありましたが、みんなで子育てをすることができたのです。子どもも幸せでした。忙しい親たちに見守られながら、過保護も過干渉もなく、近隣の子どもたちと遊び回る幼少年期にふさわしい生活を体験することができました。いわば老若男女共同参画社会だったのです。

これに比べて、マンションの一室で子どもと向かい合い、社会と断絶したいまの母親がパニックを起こすのはやむを得ないことかも知れません。特にすべては自分の力で操作すべきものという体験ばかり積み重ねてきた現代の親にとって、いのちあるものを育てることの困難さ、特に予期に反する子どもの反応の複雑さは耐えがたいものがあるのでしょう。

「保育」の項目で述べているように、いのちは発達のプログラムを内蔵しているのです。適当な環境を与えれば、いのち自身の力で伸びていくのであって、極端に言えば「親は無くとも子は育つ」のです。人智を越えた自然の働きを信頼し、自分の思い通りに子どもを操作しようとすることをやめ、フレーベルが言うように「子どもの中に、かすかながら全面的に活動している生命に、全面的に、しかもひそかについていきながら」折りあるごとにそれを強めていけばいいのです。

子どもを虐待から守る道は、親も教師も、自己中心の思い上がりを改め、大自然の掟に従う謙虚さを取り戻すことにあるようです。それにしても焦眉の急は、孤立した母親たちに救いの手を差しのべることです。もちろん個々の事例については児童相談所に遠慮なく連絡することが必要ですが、大きく言えば、母親一人に子育ての責任を負わせるのをやめ、家庭も地域も保育所・幼稚園も一緒になって、母親を中心としながらみんなで子育てをし、その苦労も喜びも分かち合うことだといえるのではないでしょうか。

自発性 (spontaneity)

自発性は自律性とともに主体的な人格を構成する重要な要素です。この一方が欠けるとこの社会の中で自己を実現する幸せな生き方ができません。

ところが、子育てや教育の世界では、「我慢しなさい」「頑張りなさい」と、自律性はおろか、人の言いなりになる他律性がとかく重んじられ、自発性などは「わがまま・勝手」と決めつけられて無視されたり排斥されたりする傾向が長く続きました。ルソー、ペスタロッチ、フレーベル、デューイ、倉橋惣三といった人たちに代表される児童中心主義教育が普及し、子どもの自発性はようやく大切にされるようになったのですが、最近はまた、学級崩壊の原因が自発性を重んじた保育にあるなどという俗説がマスメディアに取り上げられ、一部に混乱が見られる状態です。

そのことにも関連のある幼稚園教育要領の改訂が告示され、保育所保育指針も改訂の作業が進み、二〇〇〇（平成一二）年四月から同時に施行されました。これは十年前の大改訂によって打ち出された、幼児の主体的活動を中心とする環境による保育の考え方をいささかも変えることなく、自発性、自律性の双方を育む意識を保育者に求めるものとなっています。自発性を重んずることが放任と誤解されることがないように配慮されたものといえるでしょう。

■きわめて教育的な「したいことをする楽しさ」

私は以前学生たちの協力を得て「子どもはどのような場面で楽しさを感じるのか」という調査を行い、その資料を分類整理した結果一〇項目になりました。そのどれもがきわめて教育的意義を含むものであることがわかりましたが、特に質的量的に目立ったのが、「したいことをする楽しさ」でした。したいことをすれば楽しく、したくないことをさせられれば楽しくない――これは当然のことです。人間は一人ひとり、それぞれ自由な人格が与えられ、自分の人生に責任をもつための主体性、つまり自分の生命の主人公として、自分の判断や意志によって行動するよう、自我というものが与えられています。

ある漁村で、ベテランの船頭さんから聞いた話ですが、素人は舟が波にもち上げられると、そうされまいとして身をかがめるようにし、舟が下がると反対に伸び上がろうとしている。これではいつでも自分の意志に逆らって動かされるわけで、船酔いをわざわざ求めているようなものだ。漁師たちは、舟がもち上げられるときは自分から伸び上がるようにし、下がるときは自分から沈み込むように、つまり自分の意志で揺らしているような気持ちに無意識のうちになっているので、船酔いどころか、多少の揺れがあった方が楽しいぐらいだ、というのです。

確かに、高級車の後部座席に座らされ、専門の運転手によって運ばれるのは、待遇としては最高でも、けっして快適とはいえません。その反対に、どんなに下手な運転でも、自分で運転しながら車酔いを起こす人はいないのです。

自分の意志で行動することは、快適であるばかりか、その人の力が十分に発揮され、発達することになります。

例えば、どの学校、どのクラスにも、ある分野について得意な子どもがいるものです。テレビやアニメの主人公、草花、鳥、自動車、鉄道、飛行機、地理、天文、オーディオ、音楽、果てはスポーツや芸能界の事情に至るまで、教師をしのぐ知識、技能の持ち主がいます。

そしてそれはまた例外なく、授業中に教師から教科書を通じて学んだというものでなく、すべて自分が好きで、つまり自分の趣味で、自分自身がすすんで研究したことで教師を超えているのです。

これは、子どもが自発的に何かに取り組むとき、学習の効果がいかに大きいかということを示しています。

その理由の第一は、自発的に活動するとき、脳をはじめ全身の神経が活発に働くことによります。反対にその子にやる気がなければ、何時間勉強を強制しても字一つ覚えられない道理です。

第二の理由は、人間の能力は練習量（学習量）に比例することによります。そして自発的に活動する場合、その密度も時間も、そうでない場合に比較して、飛躍的に増大するからです。

■得意と不得意の分岐点

人間の知識・技能は一代限りで、けっして遺伝しません。生まれつき何かを知っている、何かができるということはないのです。すべては後天的学習によるもので、ある人が何かができるということは、それだけやった、そのことに取り組んだ、ということにほかなりません。

したがって、よい指導者とは、正しい結論を教える人であるよりも、そのことに取り組むこと、研究することがどんなに楽しいかということを知らせる(経験する機会を与える)人だということができるのです。

例えば、何かを子どもに教えるとき、「それではダメ。こうしなくては」と言って正しいやり方を強制したとします。それで「わかった」と言って喜ぶ子はいいのですが、「勉強って面倒くさいな、イヤだな」と思わせたらおしまいです。「好きこそ物の上手なれ」と昔から言われてきたように、好きなことに精を出すのは疲れ知らずで上達しますが、嫌いなことは強制された時しか、しかもいやいやするのですから身につくはずがありません。

私たちは多かれ少なかれ、得意不得意の分野を持っています。得意なものは好き、好きだからやるという好循環、不得意なものは嫌い、嫌いだからやらないという悪循環ですが、そのもともとの分岐点は幼児期にあると考えられます。

私が園長を務めていた時のこと、小学校の先生に「この園から来た子は面白いですね」と言われました。私はまた、小学校へ上がってから悪ふざけをしているんじゃないかと思ったのですが、そうではなかったのです。「図工の時間に、腕まくりをして〈さあかくぞ〉という構えなので、どんな絵をかくのかと思うと、大した絵をかかない。体育の時間に先頭をきって運動場へとび出していくので、運動が得意かと思ったらそうでもない。要するに下手なくせに好きなんです。そのせいか、どの教科も好きで、面白がって勉強するので、どんどん伸びる。ところがほかの園から来た子の中には上手な絵をかく子がいる。『〇〇ちゃんは絵がうまいね』とほめると、『私、絵かくの好きじゃない』と言う。教え込みを受けて知識や技能は進んでいるのに、もうたくさん、という感じです。こういう子は油断もあるのでしょうが、一年の間にここの園から来た子どもたちに追いつかれ、やがて追い越される傾向にあります。」

私は九年間その園で保育の実践研究をお手伝いし、そのうち六年間園長を務めたので、義務教育を終わるまでの様子を見ることができたのですが、その傾向を確認することができたうえ、幼稚園にいる間も「好きだけど下手」ではなく「好きで上手」になることを知りました。

■自発的使用の原理

子どもは、自分の中に育ってきた力を必ず使おうとします。子どもが暴れるようになったということは、それだけ体力がついたということであり、それを初めて使うので下手なのです。暴れてはダメ、と押さえつければ、そのまま不器用が続き、精神的な抑圧のために爆発的になる傾向を助長しかねません。その反対に思いきり体を使って遊ばせれば、次第に体の動かし方も上手になり、精神的にも安定します。子どもが「へりくつ」を言うようになったということは、ものごとの因果関係（結果には原因があり、その間に一定の法則があるということ）がわかりかけ、面白くてならないのです。それを押さえつけると、いつまでもへりくつにこだわる子になりますが、反対に「なるほど、面白いね」と相手をしていればやがて筋の通った話のわかる子になるのです。

ジャーシルド（Jersild,A.J.）らによって指摘されたこの「自発的使用の原理」は、子どもの自発的活動としての遊びが、いま子どもが伸びようとしている部分を伸ばすためにきわめて有効であることを示しています。これはまた、ヴィゴツキー（Vigotsky,L.S）のいう「発達の最近接領域」とも一致し、子どもがいま、しようとしていることを十分にさせることが発達の適時性にかなった教育であることを示しているのです。

■自発的活動を促す

自発性を尺度にして子どもの活動を分類すると、次のようになります。

活動
- A恣意的活動
  - ①すすんでする
  - 2なんとなくする
  - 3なげやり的にする
- B働きかけを受けての活動
  - ①すすんでする（したいから）
  - ②その気になってする（したいと思うようになって）
  - ③なっとくしてする（するべきだと思うようになって）
  - 4何も考えずにする
  - 5深く考えずにする
  - 6いやいやする

私たちが求める自発的活動とは、A①とB①②③に分類されるものを指します。つまり幼児が何の働きかけも受けずに恣意的積極的に行動すること（A①）はもちろん、何らかの働きかけを受けて、積極的主体的に行動すること（A２）もまた、自発的活動の重要なジャンルです。だからこそ、自発的活動を促す働きかけが大切になってくるのです。

そしてB①②③の三種はその「促され方」の種別を示しています。まず「したいからする」というのは、その場の環境に促されて行動すること、「その気になってする」は、保育者や友だちの態度を含む環境条件に促されて行動すること、「なっとくしてする」は、保育者や友だちの積極的なことばかけによって、するべきことの意義を理解して行動することです。

いずれも、自発性が、子どもの内的な条件と、人間を含む環境条件との合力であることを示しているといってもいいでしょう。

自立 (independence)

十分な依存を経て、人間は自立に向かいます。自立は人間の成長の大きな目標です。

自立ということばは、食事、排泄、着衣など幼児の身辺の自立から、女性の自立や国際関係の自立に至るまで幅広く用いられます。それらを通じていえる自立ということの要素は、自分で考えること、自分で行動すること、そして自分で責任をもつことの三つです。

自分で考えられないから人に考えてもらい、自分で行動できないから人にしてもらい、自分で責任をもてないから人にもってもらうという依存（ディペンデンス）の反対が自立（インディペンデンス）です。

以下この三つの要素についてそれぞれ考えてみましょう。

■自分で考える

欧米の幼児教育施設を視察して例外なく感じたことは、保育者が幼児自身が考える機会を奪わず、機会あるごとに自分で考えるようにしむけているということでした。

例えば幼児に「これどうやったらいいの」ときかれた先生が、にこにこ受け止めて、「それで、あなたはどう思うの」と問い返し、「こうしたらいいのかなァ」と答えると、「そう、それではその通りにやってごらん。うまくいけばそれが正しかったんだし、うまくいかなければもう一度考え直しましょうね」という調子です。それでもわからないと「それじゃお友達に相談したら」と言って、まわりで遊んでいる子どもたちに、「○○ちゃんが困っているから相談に乗ってあげて」と声をかけるのです。すると、「あ、それならね、こうすればいいんだよ」という子。「だめだよ。こうした方がうまくいくんだ」という子。そこから大げさにいえば集団思考が始まります。

考えるということは、実は頭の中で会話をすることです。想像力を働かせていろいろな仮説を立て、その結果を推測し、その中から最適なものを選ぶ作業で、いろいろな考えをたたかわせる、つまり討議をすることです。その過程で大切なのは、思いつきというイマジネーションの幅が広いことです。幼児は生まれてからの時間が少なく、特定された家族との生活経験しかもたないために、その幅は限定されます。ところが友達は別の家に生まれ、別の家族と暮らしているために、ものごとの感じ方も価値観も異なり、思いもよらぬとんでもない発想をしてくれるのです。頭がいいということは、発想が幅広く柔軟で、その中から最善のものを選択しつづける能力をもっていることでしょう。

日本では「あなたがたはろくなことを考えないのだから、黙って先生のお話をきいて、その通りにすればいいの」といいかねない調子で、子どもに思考停止を求めているようなところがあるように思えます。

■自分で行動する

自分で行動するということは、生きることの機軸ですが、ポルトマンのいう生理的早産で生まれる人間は、その力を身につけるのに長い年月を必要とします。また知識・技能は一代限りで遺伝しませんから、一代ごとに学習し直さなくてはなりません。

欧米の視察旅行のレセプションで、デザートに果物が銀の器に盛られて出てきました。固い実のものだったのでナイフでむかなければと思った時には、あちらの男の先生が、私たちと談笑しながらさりげなく手を出し、上手に皮をむき、きれいに切って女の先生にサービスをするではありませんか。その洗練されたマナーに、これをしなければ国の恥だと思いました。しかし不器用な私が手を出せば国の恥の上塗りになると思ってやめざるを得ませんでした。

日本の男が不器用な訳ではありません。板前さん（調理師）や仕立屋さん（テーラー）は一般の女性よりずっと高い技能をもっています。それはそれだけやってきたからです。

振り返ってみれば、私が子どもの頃は、男の子が台所に入るものではないと言われた時代で、ナイフなども危ないといって使わせてもらえませんでした。子どもの頃は「母ちゃんむく人、ぼく食べる人」、長じてからでは相当努力しても上手になれず、このまま私は、ナイフを使う生活技能について一生未発達で終わるでしょう。

では一斉にやらせればいいか。これはいけません。子どもは自分の中に育ってきた力を必ず使いたがります。その時環境にそれにふさわしいものがあれば、興味・関心を持って積極的にかかわろうとします。子どもがしようとすることは、その経験をする適時です。

また、したくないことをさせるのは無理があり、デメリットの方が多いのです。一斉に正しいことを教えてから使わせるのは小学校に任せて、幼児期にはしたがることを思い切りさせることです。そうすれば学校へ行くまでにハサミもナイフもノコギリも使えるようになるでしょう。それには安全に対する注意が必要です。例えば、ハサミもナイフも先が丸くしかもよく切れるのがいいのです。よく切れないと力が要り、かえってけがをすることがあるからです。

■自分で責任を持つ

自分で責任をもつということを幼児に求めるのは無理だと思う人は少なくありません。

幼稚園の教育要領改訂の教育課程審議会でも、主体性というのは青年期の課題であって、幼児期にそれをいうのは発達段階を無視しているという意見が出たことを思い出しますが、従来の発達心理学等の記述では確かにそうなっていました。しかしそれはすでに過去の考えです。成人を完成した基準として、それに及ばないものを欠落と見る名残りといえるでしょう。青年期に突然主体性が生ずるわけはなく、その芽はすでに新生児にあり、幼児期に目覚め、その原型が作られます。

主体的というと従来、自発的とか自主的ということが強調されてきました。もちろんこれは大切なことですが、したいことを始めるというだけでは、ちょっと困難にぶつかるとすぐ挫折する、すぐ別のことに気を移す、やりっぱなしで後始末をしない、人に迷惑をかけても平気、よくない結果を人のせいにするといった点についての配慮に欠けるものがありました。そのために主体的な生活とはわがままを育てることになるという誤解や批判が生まれたりしたのですが、これは自立の三要素の最後の「自分で責任をもつ」ことが重視されなかったからです。

私が園長を務めた富山大学教育学部附属幼稚園では、幼児の主体的生活の研究に取り組み、国の研究指定を受けて「責任を持つ力の育ち」をテーマに実践研究を行いました。その結果、幼児は遊びを中心とした幼児らしい生活の中で、どれほど多くの責任をもつ力の育ちにつながる行動をとっているかがわかり、保育者がそれを認識するだけでその行動が強められることが確認されました。いい加減な気持ちで投げやりに遊んでいるときよりも、自分の責任を自覚して遊ぶ方がずっと生き生きと充実した生活になることを、幼児自身が経験することの意味はきわめて大きいものがあります。

少なくとも、「人のせいにしない」というしつけはとても大切です。「依存」の項目で日本の子育ての仕方は名誉を挽回したと述べましたが、間違っているのもありました。例えば幼児が机の角にぶつかって泣くとお年寄りが出てきて、「お前さんが悪いんじゃない、机さんが悪い、メッ」などと言って机を叩いて慰めたりしました。明らかに危険なものは排除しなければなりませんが、世の中から危険をすべてなくすことはできません。安全な扱い方を身につけることが大切なのです。それを物が悪い、そこへ置いた人が悪いなどと周囲のせいにする習慣をつけたら、年寄りっ子三文安などという結果になりかねません。

学校へ上がってから「せっかく勉強しようと思ったのにお母さんが勉強しなさいって言うからする気がなくなった」とか「先生の教え方が悪いから算数が嫌いになった」だのと人のせいにするようではろ

くなことはありません。社会へ出てからも人から嫌われます。自分の責任だと思う人は、人に迷惑をかけないうちに解決しようとするし、叱られたら素直に謝れるし、そのたびに自分を修正向上させることができるというわけで、幸福に生きることができるのです。

ジャン・ジャック・ルソーがこういうことを言っています。人の指導者と呼ばれるような人が、自立した人かというと依存の赤ん坊のような人が多い。赤ん坊は自分が何もできないからまわりの人にしてもらう。したがって、まわりの人が自分の思い通りに動いてくれるとご機嫌で、思い通りにならないとむずがる。つまり、親や先生が、わが子や自分が担任の子どもたちが思い通りになっているとご機嫌で、思い通りにならないとイライラして怒鳴ったりしているのは、人の上に立つどころか依存の赤ん坊と同じだというのです。

周囲が思い通りにならなかったとしても、その影響を受けることなくすっきりと自立して、そのダメな周囲に救いの手を差し延べるようでなければ指導者とは言えないというのです。

そういう自立した人間を育てるためには、与えていいものも自分で取るようにさせなさい。遠い物なら連れていってでも、最後は自分で取らせなさい。こういう習慣をつけることによって子どもは大切なことを覚えるだろうというのです。何かを得ようと思ったら、自分の努力で手に入れる。それしか方法はない——という人生でいちばん大切なことを。

自律（self-control）

「自律」ということばは、自分で自分をコントロールする、つまり自己統制とか自己制御という意味ですが、一般に目に触れるのは、「自律神経失調症」などの場合が多いようです。これは身体のホメオスタシス（恒常性）を自動的に保つための神経のメカニズム（仕組み）が変調を来たしたということで、オートマチック（自動的）という意味の自律です。

その他に、規則授乳（定時授乳）に対して乳児の要求にしたがう「自律授乳」（自己調節授乳）とか、自己暗示によって精神状態の改善を図る「自律訓練法」などがありますが、ここで述べる自律とは少しずつ意味が異なります。

いまここでいう自律とは、周囲の状況、特に人間関係などの社会的な状況に対して、自分の立場からの判断に従って自分の行動をコントロールすることをいい、それが可能な状態である性質を自律性といいます。

自律や自律性の反対が他律や他律性（heteronomy）で、他者の圧力や強制によって行動をコントロールさせることをいいます。

■アクセル・ブレーキ・ステアリング

乳児期の子どもは、自分で考えることも、自分で行動することも、したがって自分で責任をもつこともできないことから、母親を中心とする周囲の大人たちにその生活を全面的に依存し、子どもの行動は大人たちに支配されています。

子どもがこの世の中で生きていくために必要な社会化は、このような他律の状態から、自律の状態へ、つまり自律性を身につけるという成長・発達の過程でもあります。

ここで自律には、意志（will）とそれを実現する能力（skill）という二つの要素があることに注目しなければなりません。

車とその運転にたとえてみましょう。

すぐれた車とは、アクセルを踏めば強力なトルクを発生して短時間に最高速に達することができ、ブレーキを踏めば安定して減速し短時間に停止でき、さらにハンドルを切れば運転者の意志通りに方向を変えることができる能力を基本的に持っている車です。

その反対に、アクセルを踏んでもだらだら、ブレーキを踏んでもだらだら、ハンドルを切ってもしっかり曲がらないという車では話になりません。これが基本的性能というべきものです。

同時に、運転者の意志が問題です。アクセルを踏むべきときに踏み、ハンドルを切るべきときに切り、ブレーキをかけるべきときにかけることによって車の性能が最もよく発揮されるわけで、運転者の意志が間違っていれば、高性能の車ほど危険な暴走車となる可能性が高いといえるでしょう。

こうした意味で、よく一般に誤解されがちなのは、自主性・自発性イコール「アクセル」を踏むこと、自律性イコール「ブレーキ」をかけることという思い込みです。ついでにいえば、主体性を強調することは協調性を無視することだと考えたり、アクセルは積極性、ブレーキは消極性ととらえたりする混乱がよくあります。アクセルもブレーキも、自発的積極的に踏むべきであり、協調性も主体的に発揮されなければならないのであって、自発性と自律性を対立する概念ととらえてはいけないのです。

もう一つ。アクセルが車を走らせ、ブレーキが車を止めることから、両者は互いに相反する機能をもつといえますが、実は相反するどころか、助け合っていることに気づくはずです。ブレーキがなければアクセルは踏めないのです。アクセルがなければブレーキの存在自体が無意味です。双方が強力であればあるほど自分の力が発揮できるのです。これをお互いに邪魔だと考えるほど愚かなことはありません。少し余談となりますが、自由に伸び伸びと思い切った教育や研究ができるのは、しっかりした管理システムがあってのことです。ただし、優先されるべきは、車にあっては「走る」こと、教育の場にあっては「育てる」ことです。そのためのブレーキであり、管理事務であることを銘記して尊重すべきでありましょう。

■できもしないのにやりたがる

ここで本題に戻ります。自律には意志と能力の双方が必要だと述べましたが、幼児の場合、能力より意志の方が早く現れます。「人間の場合、自立のために必要な条件としての自律が用意されていないのに、自立の欲求とその行動が発現する」(北村一九七九)といわれるときの自律は、最初の部分で述べたオートマチック(自動的)な調整機能を中心とする成熟や発達を指していると考えられ、私のいう能力に当たります。

上手にできもしないのにやりたがる——という幼児の特徴がここにあります。「自立」「自発性」でも述べているように、人間の知識と技能は決して遺伝することなく、一代ごとに習得しなければならないのであって、下手だからこそ何度もトライしエラーを重ねて自律的調整機能を身につける必要があるのです。

立つ、歩く、走る、掴む、投げる、作る、こわす、たたく、かく、話す、歌う……などすべての身体調整機能は、自分の中に育ってきた力を使おうとする自発的使用の原理によって積極的に用いられ、洗練され、上手になっていくのです。自分の思いどおりにコントロールできないまま何度もいっしょうけんめい使うことによって、自分の思い通りにコントロールできるようになるのです。

したがって自律の能力を高めるには、まず子どもがやりたいことを十分にさせなければなりません。下手だからといってやめさせたり、正しいやり方を強制したり、周囲の迷惑を理由に禁止するばかりであったりすれば、自律の力が身につく機会を取り上げ、不器用なまま大きくなってしまいます。音痴というのは、自分で自分の声の高さをコントロールできないということであって、それは、でたらめでもいいから自分でいろいろ歌ううちに、声帯の使い方が上手に調節できるようになる、という経過が妨げられた結果であることが少なくありません。

■結果の善悪を体と頭で

このようなプロセスを経て、自分の行動への意志と能力が一致するようになるわけですが、アクセル面に対してブレーキ面やハンドル面の重要性も認識しなければなりません。

「してはならないことがある」「し過ぎてはいけないことがある」「一つのことにこだわらずに気持ちを切り変えた方がいいことがある」「がまんしなければならないことがある」などなどです。

これらのことがわかり、判断して、正しい意志をもって行動できるようにするためには、いろいろな工夫が必要です。

すべてに共通していえるのは、子ども自身が体験して学ぶことです。つまり、よいことをすれば結果がよく、よくないことをすれば結果がよくない、ということを何度も体験すること、また、そういう話し合いをすることです。

単にアメとムチを体験させるのは他律であって、動物の調教と同じです。本人自身が本当に楽しいかつまらないかを体験し、ことばで認識することによって自律が生まれます。

たとえば、絶対に行ってはいけないところ、入ってはいけない部屋など、最小限度の規制を設けるなどは、あった方がいいのです。

■願望を実現するためのガマン

ある時、満員のバスに幼児を連れたお母さんが乗ってきました。子どもが「おりようよ」というと「次だから待ちなさい」というのでよかったなと思ったのですが、次の停留所で子どもがおりようとすると「この次だよ」といって手を引っ張り、何と七つ目の停留所でやっとおりたのです。三つ目から子どもは泣きわめき、とても辛い思いをしました。お母さんは七つ先だということを知っていて、それを教えたら子どもががまんできないだろうと考えて一つずつだまそうとしたのです。

これは、「七つ目だよ」と教え、「イヤだ」といったら「それじゃおうちへ帰れないよ」と真実をいい、「ほら、あの看板おもしろいね」などと窓外の景色を話題にしながら「ひとーつ」「ふたーつ」とだんだん目的地が近づくのを楽しみに数えながら明るい雰囲気で待てば、すばらしい保育になるところでした。

旧教育は、子どもの願望を抑圧する「ガマン」を強制しました。これに対して新教育は子どもの願望をすぐ手に入れられるものとして与えたように思います。これは間違っています。どんなに正しい願望も、すぐ実現するとは限りません。むしろすぐ手に入る願望など大したことはないのです。時間をかけ、時には回り道をし、努力を続けて初めて実現するものに向かっての「ガマン」がどのように大きな喜びをもたらすものであるかを体験させて教えなければいけないはずです。

子どもが泣くのは、見通しが立たないからです。オモチャ売り場でバタバタやっている子に向かって「こんど買ってあげるからね」といって「こんど」を連発している人がいますが、親の「こんど」ほど当てにならないものはないから効き目がありません。「こんど」といったら本当に次の機会、「お誕生日」といったら必ずお誕生日に、子どもが忘れていても約束を守るようにすれば、子どもは大人を信じ、いうことをきく子になります。

いまの青少年がトレランス（耐性）に乏しく、すぐにキレるのは、幼い時から見通しを与えられて楽しく待つという経験が与えられていないこともその一つの要因と考えられます。エリクソンもいうように「希望」こそ人間が危機を乗り越える人格の第一の力です。そしてこれは、幼い時の保育者のあり方に大きく依存しているといえます。

遊びを中心とした幼児期にふさわしい生活の中で、希望に向かってがんばったり、がまんしたり、気持ちを切り替えたりして自律性を身につけていく子どもたちを、しっかり支えていただきたいと思います。

食生活 (eating habits)

■生きる基本　いただきます

ある保育者が、子どもたちに「いのちの大切さ」を教え、虫を殺したり、花をとったりしないようにというお話をしました。そのお話が効き過ぎて、夕食の時に出たお魚を食べようとしなくなった子の母親から、どのように話せばいいでしょうと尋ねられたというのです。先生はそれについて深く考えたことがないので困ったというので私は次のような話をしました。

生き物はすべて、環境から生きるための糧《かて》を取り入れなくては生きられません。特に動物は、他の動植物のいのちをもらわなくては生きられないのです。ですから、私たちは例外なく、原罪（キリスト教での意味とは異なりますが）ともいうべきものを背負って生きているのであって、他者に迷惑をかけた覚えはないなどといばれる人はいないわけです。

したがって私たちは、第一に、謙虚に生きなければなりません。第二に、無益な殺生をしてはいけません。第三に、自分のいのちを大切に、幸せに生きなければなりません。もし自分のいのちを粗末にしたら、私たちのために提供された多くのいのちは無駄死ににになってしまうではありませんか。そして第四に、他のいのちが幸せに生きることに役立つような生き方をする必要があります。これは矛盾に充ちた話ですが、良心的にはこうした生き方しかできないのです。「いただきます」といって手を合わせるのは、調理をしてくださった方への感謝ばかりでなく、こうした厳粛な思いが込められているといっていいでしょう。

私たちの肉体の成分は、脳髄などの一部をのぞき、大部分が約六カ月で入れ換わるといわれます。つまり体のほとんどは半年前からの食べ物でできているのです。特に成長の激しい乳幼児期にあっては、精神面も含め、食生活は子育ての基礎の基礎ともいうべきものです。

■乳児期　心の栄養も

胎児は臍の緒を通じて母体から栄養の補給を受けてきましたが、出産と同時にそれを断たれ、授乳にのみ頼ることになります。哺乳動物として最も自然な母乳による授乳のほか、調整粉乳（育児用ミルク）による人工栄養法があります。

「依存」の項目でも述べたことですが、日本ではそういうことがないのにアメリカでは人工乳で育てられた子が母乳で育てられた子に比べて情緒障害を起こす率が高く、その原因が授乳態度によるものであったということがありました。日本の母親は、哺乳ビンで授乳する場合も母乳と同様に胸に抱きかかえ、優しく声をかけながら授乳するのに対し、アメリカの母親は人工乳の場合乳児をベッドに寝かせたまま哺乳ビンを上から与えるなど、心情的であるよりも合理主義的であったのです。つまり授乳は体の栄養を与えることのみ考え、心の栄養を与える機会であるということに気がつかなかったのです。

乳児の食欲に合わせて、欲しがるときに欲しがるだけ与える自然な方法を自律授乳といいますが、これに対して一定の時間に定められた量を与える方法を規則授乳といいます。この規則授乳が唱導されたとき、乳児が泣いても心を鬼にして知らん顔をし、時間がきたら無理にでも乳首を口に含ませる、そのくらいの覚悟がなければ定時授乳はできないとまで言われました。しかしこれでは、自分が泣いて訴えるたびに、裏切ることなくやさしく授乳してくれる特定の人がいるということの繰り返しの中で、自分は愛されている、この世の中には愛がある、この世は信頼に値するという、人間やこの社会に対する愛情や基本的信頼感を身につけるという乳児期の発達課題を達成することができず、大きな問題を残すことになりかねません。

現在では、栄養や消化吸収の面からも、感染防御の免疫力の点からも、そしていま述べた母子相互作用の観点からも直接母乳による自律授乳が奨励されています。同時に、人工乳の場合も母乳と同じ授乳態度を心がけることや、やさしく話しかけながら少しずつ規則授乳の習慣に近づけるなど、愛情に充ちた工夫によって、弊害を少なくし、利点を生かすことが求められるところです。

■離乳期　食べる力の基礎づくり

満五カ月頃からドロドロした食物を与え始めることによって、乳児は乳を吸うことから食物を噛み潰して飲み込むことへと摂食行動を発達させていきます。

噛むことを中心とする咀嚼《そしゃく》運動は、食物の消化をよくすることをはじめ、食物中の有害物質を発見し、口の中の衛生状態を保ち、あごや口の組織を発達させ、脳を刺激して活性化し情緒を安定させるなど、大きな意味をもっています。したがって時期を失することなく離乳食を与え始め、食品の種類や量を多く取り入れた調理を工夫して、乳児の味覚の発達をうながすことも大切です。

哺乳期は舌の前後運動が見られる「舌飲み期」といわれ、五カ月ごろから十一カ月ごろまでの離乳期は、唇を閉じて飲み込み、舌の動きにあごが連動するようになる「口唇食べ期」といわれる離乳初期に始まり、舌やあごの上下運動でつぶす「舌食べ期」の離乳中期を経、舌やあごの左右運動がみられ歯ぐきで噛む「歯ぐき食べ期」の離乳後期に至ります。そして歯が生えるにしたがって咀嚼運動が完成する、「歯食べ期」となって離乳が完了します。これは同時に幼児としての咀嚼練習期でもあり、こぼすことなく一人で食べ、人とのコミュニケーションを楽しみながら食べられる「社会食べ」がみられるのは三歳以降の自立期を待たなければなりません。

こうした発達段階に即した食べ物が工夫されることが大切で、早くから固形物を与えると噛まずに飲み込むくせがつくなどの弊害も生じます。何よりも食生活を栄養摂取の手段としてだけとらえることなく、食べようとする子どもの意欲を重んじ、楽しみながら食べる習慣をつけることが大切です。

■幼児期　食生活の原型づくり

離乳完了から就学までの幼児期は、消化機能が未発達であるにもかかわらず多くの栄養を必要とするので、離乳期に引き続き、食品の選択や分量、調理法などに工夫が必要です。盛んな発育と活発な運動が幼児期の特徴ですから、エネルギーとたんぱく質を十分に補給する必要があるほか、味覚の発達の著しい時期でもあるため、味付けを薄くし、できるだけ多くの種類の食品を食べる経験を与えるようにするべきです。

年齢とともに食事の技能や習慣も形成されていくのが望ましく、その大体の目安は次のようなものといわれています。

一歳児　食事のときスプーンやフォークを使う
二歳児　スプーンやフォークを使って自分で食べる
三歳児　いろいろなものを食べようとする
四歳児　友だちと一緒に話をしながら食べたり、嫌いなものでも少しずつ食べられるようになる
五歳児　食事をすることの意味が分かり、食事のマナーが身につく
六歳児　好き嫌いを言わずに楽しんで食事をする

これはあくまでも目安であって、一人ひとりの幼児の個人差が大きく、心理的な要因に左右されて食欲不振、偏食、過食など食行動に問題が起こることも少なくありません。

三歳児の親を対象にした調査で、子育ての悩みのトップが「食が細い」であることがよくあります。元来子どもは「餓鬼」といわれたくらい「何かチョーダイ」と食べ物をねだる存在であったのに、いまは乳児期から「これだけ飲まなければ、（食べなければ）大きくなれないよ」と与えられ続け、食欲を失

っているのです。ｗａｎｔとは欠乏を意味します。欠乏を感じる前に、それも強制的に与えられれば「もうたくさん」となる道理でしょう。

幼児は三度の食事以外に間食も必要ですが、甘いジュース類や油を使ったスナック菓子を避け、甘藷や果物などを多く取り入れるなどの工夫をし、食事まで待たせます。食事も高級懐石料理のように、ほんの少しずつ、品数を多くするような工夫が効果的です。それでも食べないようでしたら、病気でない限り、絶食させたらいいのです。ハングリーになれば必ず食欲が起きるのですから。

一方、過食や肥満の問題もあります。必要以上に大量に食べる過食は、単なる食欲亢進のほか、他に満足が得られないことを食べることで満足させ、不安や無気力から逃れようとすることや、よい子として認められたい一心で習慣化することもあるといわれます。

肥満は、遺伝的素因や代謝や内分泌異常などを除き、エネルギーの消費量に対する摂取量の過剰による場合がほとんどです。過食、特に脂肪や糖質の取りすぎ、運動不足、過保護、ストレスなどの影響が考えられ、若年からの生活習慣病予防の観点からも見逃すことができません。

さらに、食生活の乱れが今日の青少年の問題の大きな要因であるとする指摘（註）もあります。子どもたちの一生を左右する食生活のあり方について、私たちはもっと真剣に取り組む必要があると考えます。

■結論

一、食生活は生命の維持・成長と同時に、こころの安定や発達に重大な影響がある。

二、十分な愛情と適切な保護のもとに、乳児期は乳児期らしく、幼児期は幼児期らしい生活を精一杯展開させる。

三、間食も含め、食事はみんなで楽しく、待ち遠しいものにしていく。

【註】

読みやすいもので例えば、鈴木雅子著『その食事ではキレる子になる』河出夢新書、一九九八年

楽しさ（enjoyment）

我が国では「苦しむことは尊く、楽しむことは堕落」という考えが封建社会で庶民に教え込まれ、明治以来の富国強兵、戦後の高度成長の原動力にまでなりました。環境破壊や過労死の問題から、ようやく人生を楽しむ心のゆとりが大切であることに気づき、学校教育にも取り入れられ始めましたが、十分な理解を得ているとはいえない現状です。

実は「楽しさ」は、きわめて教育的なことなのです。以下は生活の中で幼児が楽しんでいる場面を分類整理して得られた一〇項目で、子どもの充実・発達に、どれほど楽しい経験が必要かを示しています。

①したいことをする楽しさ（自発・主体性の発揮）

人間は自分の責任で一生を生きるために、自分の判断や意志によって行動する楽しさが与えられています。

どの学校のどのクラスにも、何かのことについて先生をしのいでいる子がいるものですが、それは例外なく、授業中に教科書を通じて教えられたことではなく、自分自身の趣味で、すすんで研究したことで先生を超えているのです。これは自発的な学習の効果がいかに大きいかを示しています。その理由の第一は、したいことをするときは脳をはじめ全身の神経が活発に働き、そうでない場合は眠っているということです。第二は、したいことはヒマがなくてもするし、しかも集中するので、時間×密度という練習（学習）量が飛躍的に増大するからです。

本当の指導者（親も先生も）とは結果を教える人ではなく、そのことに取り組む楽しさを知る機会を与える人だということができます。

②全力を出して活動する楽しさ（全力の活動）

頭も体も使うためにあります。廃用性萎縮といって、時々最大限の用い方をしないと、体のどの部分も衰えるといいます。子どもが息をはずませて遊んでいるのを、疲れるからといってやめさせたら子どもは怒ります。

子どもは自分の中に育ってきた力を必ず使おうとします（自発的使用の原理）。何かしたがるということは、そこを発達させる準備ができた適時だということを示しています。それを使わせなければ、いつまでも未熟な段階にとどめることになるでしょう。

③できなかったことができるようになる楽しさ（能力の伸長）

一歳前後の幼児がつかまり立ちをして、よちよち歩きをする時のうれしそうな表情は格別です。何度ころんでも起き上がり、また歩こうとします。人類が文化を得るに至った最大の条件である直立歩行の技術を獲得するのは容易ではありませんが、子どもは、今までできなかったことができるようになる楽しさに支えられて自ら猛練習し、例外なくできるようになるのです。ヴィゴツキーのいう「発達の最近接領域」ですが、その子にとって易し過ぎることやむずかし過ぎることをやらせても、それは発達には無効または有害で、今できるぎりぎりのところこそ挑戦する価値があるし、また子どもはやりたがり、自分の能力の限界がほんの少しでも伸びることが楽しくてしかたがないのです。

④知らなかったことを知る楽しさ（知識の獲得）

生き物はすべて環境からプラスを取り入れ、マイナスを避けて生きなければなりません。高等な生物とは環境の認識能力が高いことを意味し、人間はその最高の存在です。

乳児は、視覚、聴覚、触覚などのすべてを動員して生まれてきたこの世界を手探りで知ろうとし、幼児は押入れの中から園庭のトンネルなど探索活動が大好きです。「これ何ていうの?」「どうして?」と熱心に質問しお話をせがむようになります。

パパ、ママ、先生は何でも知っていると信ずるのは、未知の世界に触れる境界面がまだ小さいことと、自分の知らないことを知っていて、自分の知的好奇心に応えてくれる人への絶対的な敬愛の念からです。

こうした知識欲や探求心に応ずることが大切で、子どもが欲しない知識を与えようとすれば好奇心を失わせ、勉強嫌いを招きます。

⑤考え出し、工夫し、つくり出す楽しさ（創造）

刺激と反応のメカニズムは三種に大別されます。一つは伝導で、刺激をそのまま伝えて反応を起こす、つまり反射です。行動はすべて刺激に拘束された形となり、動物の行動の大部分がこの反射によるものです。次は統合で、複雑多様な刺激（情報）を処理して結果を出す、つまり計算です。コンピュータはこれですが、答えは紋切り型です。第三は創造で、刺激に拘束されず型通りにもならず、全く新しい方法や結果を生み出す働きで、人間の大脳新皮質前頭連合野にだけ存在する機能とされています。

動物が代々ほとんど同じ生活をくり返し、コンピュータも決まった答えを出し続けるのに対し、人間は一代ごとに全く異なるといっていい人生を過ごすのはこの創造の能力のおかげで、人間だけのもつ特権です。この楽しさは過失の自由から生まれるもので、過失の許されない環境では創造力は育たず枯渇します。

⑥人の役に立つ、よいことをする楽しさ（有用・善行）

子どもは正義の味方が大好きですが、乳幼児にすでに道徳性の芽生えが十分に見られます。例えば生後九カ月のころから、「役割行動」といって、「新聞はどこ?」ときくと指さし、「パパにどうぞは?」というと新聞をパパに差し出して「ハイ」という具合に、何か人の役に立つことをして喜ぶのです。

「生きがい」とは、自分の存在を人から必要とされることにあるといっていいでしょう。今の青少年の問題の根本は、家庭や社会のすべての役割をはずされ、自分のためだけの勉強をしいられて、生きがいを失っていることにあります。幼児は集団の中で自然に役割を受け持ち、それを果たす楽しさを経験することによって自己効力感を身につけていきます。

⑦存在を人に認められる楽しさ（人格の承認）

みんな集まってという呼びかけに応じない子に「太郎ちゃん、こっちへいらっしゃい」と呼べば呼ぶほどその子は気をよくし、ほかの子までそこへ行ってしまうことがあります。先生のいう通りに集まっていたら「よい子の皆さん」ですが、はずれていれば名前を呼んでもらえるからです。こういう場合はわざとかまわず、集まっている子どもたちの名前を呼びながら生活を進めると、みんな集まってきます。名前を呼ばれるのは、人格の承認のあらわれとして嬉しいものですが、さらに、前項で述べたように、ことばよりも事実として、自分はみんなから必要とされているという実感のもてる経験を生活の中で十分味わえるような子育てや保育が大切です。

⑧共感する楽しさ（共感）

ルソーのことばに、「一般の意見に反して、子どもの教師は若くなければいけない。賢明な人であれば、できるだけ若い方がいい……できれば教師自身が子どもであれば、生徒の友だちになって一緒に遊びながら信頼を得ることができれば、と思う」というのがあります。

これは、共感のないところに教育はないという意味で、単に年齢の問題ではないのです。事実、人間は自分と共通部分の多い人や意見の影響を大きく受け、その逆の場合反発したり無関心になったりします。大人がどれほどことばを使って教えても、子どもは自分が共感した部分しか取り入れません。

子どもとの共感性こそ保育者の資質として最も大切なものです。子どもは自分が共感できる人、自分に共感してくれる人が好きで、そういう人といると情緒が安定し、さらにその人のいうことを積極的に受け入れようとするのです。

⑨よりよいものに出会う楽しさ（出会いと認識）

幸福とは何か――これは永遠の課題ですが、少なくとも価値あるものに出会うという客観的側面と、その価値を認識するという主観的側面との双方があって初めて幸福が成り立つのです。

幼児期に、人間的なものに出会う機会を与えなければなりません。同時に、その人間的なものとの出会いの値打ちを感じさせる必要があります。それはその時期の子どもに最適なものと出会う経験を用意することであり、数や量が多過ぎればかえって値打ちがわからなくなります。例えば子どもの喜ぶよい本を選び、一冊がボロボロになるまで愛読するような与え方です。子どもは自分の発達に必要なものを潜在的に求め、よりよいものと出会い、じっくりと楽しみたがっているのです。

⑩好きな人とともにあることの楽しさ（愛・友好）

好きな人と一緒であれば、何をしていても楽しいものです。幼児は深くそのことを感じ、それを正直に表します。

登園を楽しみにするのは、大好きな先生や仲間がいるからです。たとえまだ仲よくなれない友だちがいたとしても、先生が大好きであれば、それを乗り越えて仲よくなれます。お家へ帰るのを楽しみにするのは、大好きなお母さんお父さんや家族がいるからです。家族愛に恵まれない子は集団にもなじみにくく、子どもらしさに欠ける場合もあります。

大好きな先生、大好きなお母さんお父さんとは、決して子どもを甘やかす人ではありません。それはここに述べたような楽しさを、生活の中で確実に幼児に与えてくれる大人なのです。

知的好奇心 (intellectual curiosity)

■子どもは本来知的好奇心のかたまり

赤ん坊はガラガラを鳴らすとその方を向いて注目し、やがてイナイイナイバアを喜ぶようになります。ところがそのうちに、何でも掴んでは口に入れようとしたり、紙は破る、本棚から本を一つ残らず引きずり落とす、ドロンコ遊びに熱中して衣服を汚す、と大きくなるにしたがって大人が困ることを次々と起こし、叱ってもやめるどころか、なぜ？ どうして？ と、うるさく理由を問いただしたり、だって何々なんだから、と理屈をこねたりするようになります。

大人は「いたずらをする」「言うことを聞かない」「悪くなった」と嘆きますが、これらはすべて、知的な人間として生きるために必要な発達で、もしこうしたことが起きなかったら、それこそ心配しなければならないのです。

ではなぜ子どもは、こうした、大人にとって余計なことをしてくれるのでしょうか。生き物はすべて、環境から自分にプラスになるものを取り入れ、マイナスになるものを避けて生きなければなりません。植物は生を受けた場所からほとんど移動できないので非常に困難な中をさまざまな仕組みで何とかそれをやっているのですが、動物になると相当の自由があります。

それでも、アメーバのような単細胞の原生動物や珊瑚などは、食虫植物同様、向こうから触れたものしか摂取することができません。それが昆虫になると、触覚などをはじめ外界を探査するセンサーが備わり、食べ物を捕らえ、危険から逃れることが大幅に可能です。哺乳類に至ると視覚、聴覚、触覚、嗅覚、味覚などの五感が発達し、よりよい生活ができるようになっています。

その行きつくところが人間で、外界（環境）がどうなっているかを認知、認識する感性と知性をもち、さらにその自然の外界をよりプラスに変える想像力や創造力を用いて、他の動物に大差をつけました。

その結果、その知的能力の行き過ぎでもあり足りなさでもあることですが、地球環境の破壊や核戦争の危機を招き、人間が現代文明を開かなければ、自然の命ずるままに生き、子孫を残し、死んで自然に還る生物の楽園であった地球を死の星にして、罪のないすべての生物を巻き添えにする恐れさえ招いているほどです。しかしようやくその愚かさに気づいた人類は、二十一世紀に全力を尽くしてその危険を封じ込めることになるでしょう。そうでなければ前途がないのですから。またそのためにも二十一世紀を担う子どもたちの真の知的能力を養う必要があると思われるのです。

環境を認知、認識し、それをプラスにする想像力・創造力の例を挙げれば、例えば音楽です。音は本来、物と物とが触れ合って発生するノイズです。そのノイズを巧みに組み合わせることによって素晴らしいサウンドになることを発見して人間は音楽生活をエンジョイするようになったのです。

また、自分が生きるためには天地自然の恵みや法則、社会の仕組みや人々の尽力がなくてはならない事実を認識すると同時に、その奥に人々の親切、人知を越える神の愛や仏の慈悲を感じることによって一層自分が励まされることも少なくないでしょう。

このように、科学、芸術、道徳、宗教など人間の精神活動のすべてが環境とのかかわりの中で生み出され、物心両面で人間生活の豊かさを支えています。いわば環境とかかわる力の深い浅いが、人生の幸不幸につながっているのです。

■知れば知るほどもっと知りたくなる

赤ん坊は例外なく、未知の世界に生まれてきます。そして手さぐりでこの世の中がどうなっているのかを認知・認識していきます。泣いて訴えると「ああよしよし」と優しく授乳やオムツの交換をしてくれる人がいることをはじめ、初めに書いたような事柄はすべて、自分が生きていく環境がどういうものであるかを知るための努力なのです。例えば何でも口に持っていく時期があるのは、「口唇期」と呼ばれますが、その物が固いか軟らかいか、熱いか冷たいかなど、その性質をいちばん敏感な唇で確かめていると考えられます。

部屋の隅まで這って行き、向きなおってにっこり笑うのも、部屋の大きさを確かめたつもりでしょうか。子どもが押し入れの中や、裏の路地など、狭いところへもぐり込んだり、いろいろなものを掴んだり投げたり破ったりするのもすべて探索活動や物の性質の研究です。すべてが珍しく、いろいろと試してみたいのです。特に、あらゆる物事には原因と結果があり、その間に法則があるらしいと分かってからは、しつこく「なぜ」「どうして」を追求するようになります。

子どもはこうして自分が知っている範囲を拡げていくのですが、知っている範囲がまだ狭いために、未知の世界に接している境界面が小さく、あと少しで全部だと思いがちな傾向をもっています。これが目前のことに全力を尽くす原動力になっていると同時に、パパは何でも知っている、先生は何でも知っている……と信じて言いふらしたりすることにもつながります。ついでに言えば、ワシは何でも知っている、と威張る人は、自分の知っている範囲が狭いことを告白しているようなものです。勉強すればするほど、未知の世界に触れる面が、いわば半径の二乗に比例して広がるわけで、謙虚にならざるを得ないはずだからです。

それではキリがないではないか、ということになりそうですが、それでもやめられません。少しでも新しい個別の知識をもつと、その分、即座に生活が楽しくなったり、充実したりして、よくなるのです。例えば、時価何億円の絵画も、その認識がない人にとっては粗大ゴミに過ぎないではありませんか。

子どもはこうして、知らなかったことを知る喜び、できなかったことができるようになる楽しさに突き動かされて、毎日を充実して過ごすように、いのちは与えられているのです。もしそれができていないとすれば、子どもの心身の健康に問題があるか、子どもの環境に問題があるかのどちらかです。

■こういう環境が知的発達を促す

伝統的な心理学は、人間は本来怠け者で、その非活動的な人間を動かすには、苦痛を与えるか、生理的欲求（これも充たさないと苦しい）か、この両者と条件づけられた刺激を必要と考えていましたが、それは否定されました。主として動物実験によるアメとムチの調教理論は、人間には当てはまらないのです。

子どもは自分の中に育ってきた力を必ず使おうとするという自発的使用の原理によって、環境にあるものを探索し、自分の生活に取り入れる工夫を怠らないのですが、その環境のあり方により、結果として子どもの知的発達に大きな差異を生ずることになります。

以下、子どもの知的発達が促される環境条件を挙げてみましょう。

子どもの行動・発想に最大の自由を

「明るいお母さんの子は頭がいい」という説があります。因果関係は微妙ですが、子どもの行動や考えを明るく受け入れることによって、子どもの経験が豊かになり、そこから学ぶものが大きいことは確かです。知的能力とは、あらゆる場面や結果を想像して、最善の道を選択する能力であって、制限の多い暗い生活では育つのが困難です。

子どもの働きかけに応答する環境を

一時期、ホスピタリズム（施設病）といって、乳児院や孤児院などの養護施設で育った子どもの心身の発達が、一般の家庭児に比べて遅れていることが大きな問題になりましたが、多くの研究の結果は、施設の問題であるよりも、人手を含めて、子どもに対する刺激、特に応答的な刺激の有無が決定的であることが分かりました。抱いたり話し合ったり遊んだりする経験をテレビに代行させることはできないのです。

子どもの発達に即した豊かな環境を

子どもが自分の中に育ってきた力を使おうとしても、その時その場の環境に、適したものがなければその力を使うことができず、身につかないばかりか適時性を失ってしまいます。反対に、それに適したものがあれば、子どもは興味・関心をもってそれに取り組み、それを身につけるとともに、より進んだものに取り組もうとします。

子どもの能力以下でも以上でも、離れていれば意味がなく、むしろ強制すれば有害無益で、適しているのは能力の前後です。能力には少しの余裕があれば自信をもって楽しむことができ、能力ぴったりであれば全力を出して成し遂げる楽しさを得、能力の少し上であれば、獲得可能な目標となって潜在能力を使う努力と結果の楽しさがあるからです。

この難易度の適格性を知る最善の方法は、子どもが本気になって取り組むかどうかです。園のカリキュラムであれば、これまでの経験で、どんな時に、どんな活動を、子どもたちがどれほど楽しんで成果を挙げたかという記録など、自他の園の保育の蓄積が何よりの資料となるでしょう。

モデルケースとしての刺激を十分に

「学ぶとは、なりたい自分を見つけて、それに向かって努力すること」です。ママゴトなどの模倣遊びもそうですが、子どもの活動の多くが、友だちや大人から知的な刺激を受けて行われます。「させる」のではなく、生活の中で先頭を切って始める先生や親のすることを見て、自分もしたいと子どもは思うのです。知的好奇心に満ちた大人のもとで、知的好奇心にあふれた子どもが育ちます。生涯学習社会の幸せとは、こういう育ち合いではないでしょうか。

道徳性 (morality)

人間の、判断、評価、行為などの、基準となる枠組みを「規範」と言いますが、この規範には外からのもの(外的規範)と、内からのもの(内的規範)があります。外的規範の代表が法律で、いろいろな決まりがあり、それを破ると罰をうけます。それに対する内的規範が道徳で、人間の内側、すなわち心、特に良心と言われるものです。このところ「心の教育」の重視が叫ばれていますが、これは道徳教育とほぼ同じ意味で用いられているものです。道徳を破ると、まず罪の意識、良心の呵責《かしゃく》などが生まれ、法に触れなくても、不道徳な人だというマイナスの評価を受け、道義的責任を追求されることにもなります。

■道徳的価値としての善悪はどういう基準で決まるのか

地球上には、数え切れないほどの多くの価値あるもの——それは大自然をはじめ、衣食住からハイテク機器、さらに芸術作品に至る文明の所産まで——がありますが、もし、私たちの一人ひとりが、あの日あの時、この世に生まれてこなかったとしたら、これらのすべては何の意味を持ったでしょう。私たちが生まれたからこそ、すべての価値が生まれたのです。大宇宙に比べて、あまりにも小さい私たち一人ひとりのいのちが、実はすべての価値の源泉なのです。だから私たちは生きなければなりません。たとえどんなに辛くとも、生きることに意味があるのです。

この、すべての価値の源泉である私たちのいのちは、どうやって生きているのでしょうか。それはまず、両親がいて生まれたからです。両親にも両親がいました。こうしてたどると、遠い人類の祖先から、自分にまで続く生命継承の、どの一人が欠けても、どの組み合わせが違っても、この自分は生まれなかったのです。（生命の継承——生む）

生まれただけでは、私たちは生きることはできませんでした。生理的早産と呼ばれる人間の赤ちゃんが、一人前になるには、どれほど多くの保護と援助が必要か。本書の読者は痛感されているはずです。さらにこの高度文明社会に生きるためには、知識や技能の系統的学習を必要とします。学校教育などの組織的系統的な指導によって徒労や失敗を避け、節約されたエネルギーをよりよい文化の創造に向けなければなりません。（保護・教育——育てる）

一人前に自立したと見られる成人も、自分の意志や力だけで生きられるものではありません。生死の判定で問題となる、脳、心臓、肺をはじめ、循環器系、呼吸器系、消化器系などのあらゆる組織や臓器は、私たちが意識を失って熟睡する間も働きつづけ、このいのちは保たれているのです。（生命活動——営む）

また、この個体は、空気・水・食物をはじめとする自然の恩恵、さらに衣・食・住のほとんどすべてが自給自足でない現代生活では、あらゆる生産と流通という人為的社会的な恩恵によって支えられています。またいろいろな危機に際し、特別な尽力によって生命が保全されなければなりません。（支持・救済——支える・助ける）

こうした、生む・育てる・営む・支える・助けるという働きによって、すべての価値の源泉である私たち一人ひとりのいのちは生かされて生きているのです。だから、これらの、「生かす」という働きこそ至高の働きであり、最高の「善」であり、その反対の「殺す」ということこそ最低の働きであり、「悪」の極まるところと言えます。

この間、「生かす」というプラスに向かっては「助ける」などの多くの善行があり、「殺す」というマイナスに向かっては「傷つける」などの悪行があります。いずれも物理的・肉体的な面と、心理的・精神的な面とがあります。

至高の働きに神の愛や仏の慈悲を感じるのは宗教で、これは信教の自由に属することですが、ここまで述べたことは科学的事実に基づく理性的な道徳の基礎理論です。

■「道徳性の芽生えを培う」ということについて

このように、道徳の本質は「自他を生かす」ということですから、「道徳性」とは「自他を生かそうとする心をもって、そういう生き方をする性質や傾向、状態、程度」を表していることになります。幼稚園教育要領には、「人間関係」の内容の取扱い(3)に「道徳性の芽生えを培うに当たっては」として留意事項が述べられています。

小中学校における「道徳」の内容は、学習指導要領の中で「主として自分自身に関すること」「主として他の人とのかかわりに関すること」「主として自然や崇高なものとのかかわりに関すること」「主として集団や社会とのかかわりに関すること」という四つの視点に分類されていますが、幼稚園においては、これらすべての「芽生えを培う」ことが期待されているのです。

「芽生え」ることを「萌《きざ》す」といい、物事が起こり始まろうとすることを表しているように、「芽生え」とは、完成した道徳性ではなく、将来そうなるべき初期の糸口を重視する言葉です。また「培う」の語源は、植物の種や根が露出して枯れないように土をかぶせてやること、つまり直接手を加えるのではなく、生命力を信じて、それを守ることによって成長を図るという保育の心を表しています。

■道徳性の発達はどのようにして促されるのか

道徳性の発達についての研究は少なくありません。代表的なものとして知られたピアジェによれば、⑴情緒的満足を重んずる習性の段階、⑵大人の要求に服従する段階、⑶平等関係による相互適応の段階、⑷行動の基本的動機を理解する段階、⑸規則・原理・理想を体系づける段階、としました。彼は規則の理解を中心に、⑴単純な個人的規則の段階、⑵他律的絶対的規則を信奉する、権威への一方的帰依や尊敬の時期、⑶自律的相対的規則を重んずる相互尊敬つまり共同の時期、と分類し、八、九歳ころまでの子どもは結果論的判断が多く、善悪を絶対的なものと考えないで相互関係の中に倫理的価値を見出すような動機論的判断をするようになるのは十歳以後としています。

こうした古典的なものから最近の研究に至るまで、その共通した傾向は参考になりますが、私たちが気をつけなければならないのは、それらは研究の対象となった、ごく一般的な子どもたちの場合だということです。

極端に言えば、放って置かれた子どもが年齢とともに道徳性が発達するはずはなく、不道徳な教育を受けた場合も論外です。乳児期の愛される原体験をはじめ、以下に述べるように、適時性をもった経験が積み重ねられることによってのみ順調な道徳性の発達が促進されると考えられるのです。

基本的生活習慣の形成

「しつけ」の項で述べているように、自分や人を生かすために必要なことは習慣化するのが望ましいことです。早寝早起き、洗顔、うがい、歯磨き、三度の食事、あいさつなどをはじめ、危険の防止からお手伝い、テレビ視聴やゲームのけじめまで、きちんとした習慣を身につける機会を与えられた子は幸せです。それも動物の調教のようなアメとムチではなく、よいことをすること自身の心地よさを体験させ、共感することが大切です。

自己中心性とアニミズム

前記ピアジェが幼児の心理的特性としてこの「自己中心性」と「アニミズム」を挙げたことは知られていますが、一般にはこれが「エゴイズム」と「未開性」というマイナスの要素と受け取られているようです。しかしこれらの本質は、自分の目で見たものを信ずるという主体性と、物は皆生きていて自分と同じように心をもっているという想像力の原点であって、道徳性の芽生えの種ともいうべきものです。

例えば二歳児は、本棚の本を全部引っ張り出して床へ落として喜ぶようなことをしますが、これは「悪戯《いたずら》」ではありません。自分の中に育ってきた力を使うのが楽しく、また本が棚から半分以上はずれるとドサッと落ちる現象が楽しいのです。これが大人を困らせたり、本を傷めたりするということは知りません。つまり不道徳なのではなく無道徳なのです。こうした場合、責めてはいけませんが、止める必要もあります。「ご本がイタイイタイって泣いてるよ」と言い、「さあ元のように並べてあげましょう」と言って、子どもと一緒に原状回復の苦労をし、「よかったね、ご本も喜んでるし、お部屋もきれいになったし」と喜び合うことです。

自己発揮のコントロール

自発的使用の原理によって自己発揮をすることは、それが他者と無関係である場合、「自分を生かす」意味においてよいことです。それが他者と関係する場合は、積極的によいことと悪いことに分かれます。人を助けたり協力したりすることは「自分を生かし人を生かす」いう二重の意味で「善」いことであり、人に迷惑をかけたり危害を加えたりすることは、先に述べた通り、「悪」いことなのです。

それがわかるためには、まず他人の存在に気づき、トラブルを起こしたり仲良くなったりしながら、どういうことをすればケンカになるか、どういうことをすれば楽しいかという体験を繰り返す中で、自分をコントロールすることを覚えることです。

その際、大人の存在は大きな意味をもちます。その態度はモデルとなり、このことばは子どもの価値観の基準となります。

一般に思われている以上に、子どもは道徳性を見せます。三歳児が泣いている友だちをいたわってハンカチで涙を拭いてあげたり、四歳児が救急車のサイレンを聞きつけ、「ケガをしたのかな。オナカが痛いのかな。早く病院に着けるといいね」などと心配したりするのは、恐らく大人の影響でしょう。

よい子であることを強制するのでなく、こういう影響を与えつづける大人であることこそ、道徳性の芽生えを培う最善の環境であるといえるでしょう。

人間関係〔人とのかかわり〕(human relations)

生きものはすべて環境の中に生まれ、環境からプラスになるものを取り入れ、マイナスを避けて生きています。人間の場合はさらに環境に積極的に働きかけてそれを改変するなど、環境とのかかわりが人生の質を大きく左右するものとなっています。

環境とのかかわりの中でも、特に人とのかかわりは重要で、しかもその力を育てることが現代社会において困難の度を加えています。

■自閉症の多くは母親の責任ではなかった

ある時期から、人間関係のもてない子どもたちが自閉症と名づけられて問題になりました。自閉(autism)ということばは精神分裂病の特徴とされていた、周囲とのかかわりをもとうとしない心の状態で、これを「幼児自閉症」として最初に報告したカナー（L.Kanner）は自閉児の特徴を次のように述べています。

(1) 人間関係を樹立できない——目が合わない。
(2) 言語発達に障害がある——オーム返し、自分と相手の代名詞が逆になるなど。
(3) 同一性保持への欲求が異常に強い——状況が変わるとパニックを起こす。
(4) 物や機械に対する興味が異常に強く、意外に手先が器用。
(5) 認知能力はよい——機械的な記憶など。

こうした見方を始めとして、同様な症候群の原因を分裂病、精神発達遅滞、性格異常、脳微細損傷などに求める模索が続きました。

中でも心理学的な原因、特に乳児期の母子関係に問題があり、その結果として、一種の防衛機制として自閉症状が生まれたとする解釈から、もっぱら受容的なプレイ・セラピイ（遊戯療法）に徹することも広く行われてきました。しかしこれは一般の情緒障害には有効ですが、自閉症の場合は必ずしもそうではありませんでした。最近の研究により、自閉症の多くは先天的な脳の器質的障害で、個別は認識できるが関係がわからない、非合理的な複雑な感情が理解できないなどのメカニズムが明らかにされてきています。

したがって、自閉症の疑いのある場合、まず医学的診断と治療、そして愛情をもったねばり強いリハビリが必要なのです。

■人間は裏切り合う、しかし、という体験

このような先天的器質障害を別としても、現在の子どもたちに、これに似た傾向が多く見られることも事実です。

不登校、いじめ、校内暴力、家庭内暴力、ひきこもり、自殺、他殺など、続発する青少年の悲劇のすべてが、適切な人間関係をもつことができないことに起因していると言えるでしょう。人とのかかわりが苦手なのです。人とのかかわりから得られる大きな喜びを知らず、苦しみが先行して自閉的になり、道が閉ざされてしまうのです。

その原因の第一は、幼少時から多様な人間とふれあう機会が絶対的に少なくなっていることです。核家族少子化の現代、極端な場合、ほとんど母親としか接することのない子どももいます。慣れない人と接することが恐くなるのも当然でしょう。

第二に、遊ぶ相手が人ではなくて物、特にゲーム器などの機械だということです。機械は絶対に人を裏切りません。こちらの操作の正誤がそのまま結果に出るのです。反対に人間は必ず裏切ります。こちらが同じ働きかけをしても、相手は、機嫌のいい時、悪い時、忙しい時、ひまな時といろいろな条件が変わるので反応がそのたびに違うのです。光線は入射角に等しい角度で反射しますから予想通りですが、人間は乱反射をするのです。だからそれにとまどい、慣れないと傷つくのです。

私が園長の時のことです。園内を歩いていると背中をトントンと叩く子がいるので振り返ると、手に握っていた虫を見せて、「この虫面白いよ。黒い虫なのに白いウンチするよ。なぜだと思う?」「さあ、わからないいな」「ぼくの考えではミルクの飲み過ぎだと思う」と言って虫のいたところへ案内してくれま

した。園長が相手をしてくれて満足した彼は遊んでいる友だちに見せようとするのですが、みんな自己課題をもって真剣に遊んでいる最中ですから、「この忙しいのに何だ」という顔をされて相手にしてくれません。何人かに振られると、彼は何を思ったか自分の部屋へ走って行き、ボール箱の中に虫を納めてとんで帰り、友だちの遊びに強引に入って行き遊びを盛り上げました。後から考えるとそれは遊びを早く終わらせるためだったようです。終わったとたん、彼は虫の箱を取ってきて「ホラ!」と見せます。今度はみんなひまになっているので集まって面白がり、その連中を引き連れて彼は虫のいたところへ向かいました。

こういう生活の中で子どもたちは大切なことを学んでいるのです。それは、「人間は小さく裏切り合う。しかしそれにこだわらず大きな輪を広げていくと、必ずまた自分を認めてくれる時がある」ということで、人生を通じてとても大切な人間関係の真理です。これを大きくなって言葉で教えても意味はわかっても心はついていかないでしょう。幼児期に体で覚えることが大切なのです。

■愛し合い、信じ合い、共感し合い、助け合い、学び合い、育ち合う体験

裏切り合うのはつらいことですが、それに対する耐性がつきさえすれば、人とのかかわりは楽しいことがいっぱいです。

母子関係や発達のところで述べたように、人間やこの社会に対する愛情や信頼感は乳幼児期の発達課題の大切な部分であって、これは主として親や保育者との間柄で身につくものです。親や先生と愛し合い、信頼し合うということが中心で、それは当然、まず大人が子どもを愛したり信じたりすることによって成り立ちます。

以下のことは、子どもが友だちとの集団生活の中で遊びながら楽しみ、楽しみながら身につく人とかかわる力です。

【共感し合う】

遊びの中で友だちと共感し合うことは、人とのかかわりについての最高の喜びと言っていいでしょう。「あれやろう」「うん、そうしよう」「おもしろいね」「おもしろいね」「きれいだ」「ほんとにきれい」「ヤダ」「キッタネェナ」「そろそろやめようか」「やめようぜ」などと何でもないようなやりとりの中で共感し合うのですが、共感し合うことによって楽しくなり、心がいやされ、自信が与えられます。子どもと共感できなければよい保育者にはなれませんが、子ども同士はごく自然に共感し合うので、ゲラゲラと笑い合いながら遊ぶ姿がよく見かけられます。

【助け合う】

子どもは「お手伝い」が好きです。それは、子どもの「大人になりたい」という願望の現れであり、その大人の真似ができたという喜びでもあります。小動物の飼育や部屋の片づけ、掃除なども、初めは先生のお手伝いという形で始めると張り切ってするようになります。

子ども同志でも、年長児が年少児の面倒を見る仕種を示すなどの機会をとらえ、人を助けてあげることはとてもよいことだという価値観を伝えることによって、互いに助け合って遊びや仕事を進める楽しさを知るようになります。

附属小学校の卒業式の祝辞で、「おめでとう。今日まで皆さんは六年間一人で学校へ通いました。でも本当は一人じゃないんだよね。バスや電車通学の人は、運転手さんはもちろん、車や線路を造った人、モーターやエンジンの仕組みを発明した人……徒歩通学の人だって道路は自分でつくったわけじゃない。税金を出したお父さんお母さんを始め、こうした数え切れない人たちが応援してくれたおかげで学校へ通えたんだよ、中学に行くともっと詳しくこういう勉強ができる。うれしいね……」と話したら、みんなよく聞いてくれ、親たちにも喜ばれました。

人々や社会を自分への加害者とのみとらえる見方は、続発する悲劇の底流をなしていると思います。助け合ってこそ人間、という事実を、子どもの生活の中で原体験し、それを少しずつ認識させていく必要があります。

【学び合い、育ち合う】

「学ぶとは、なりたい自分を見つけ、それに向かって努力することである。」――これは教育の世界で大きな賛同を得ている学習理論です。子どもが立って歩くようになるのも、ごっこ遊びをするのも、芸能やスポーツのトレーニングも、英会話やパソコンのレッスンも、すべてそれができる人を見て、ああなりたいと思うから努力するのです。

これは、いいことばかりではありません。やくざが突っ張るのも、政治家や役人の汚職も同じです。周囲が悪いモデルだと、なりたい自分を間違ってしまうのです。

幸い、自然のままの子どもは、正義の味方が大好きで、先生や友だちのすることを見て、あ、いいなと思ったことを取り入れようとします。強制されたら逆効果ですが、自由な遊びの中で発見したあこがれは、学習意欲を刺激し、自己課題への挑戦を促します。子どもは自己課題に対しては猛練習をいといません。ひまさえあれば、いやひまがなくてもそれをします。「好きこそものの上手なれ」と言いますが、自己課題をもたせるとは、それを好きにさせることに外なりません。

どんなに愛情深く知性に富んだ両親でも、現在の家庭内保育だけでは子どもに人とかかわる力を育てることは不可能です。自分が欲しい物は人も欲しいのだとか、一つの物を取り合っていたら誰も使えないとか、ルール（約束）を決めて守れば、みんなで楽しめるとか、さらに自分には思いもつかないような考えをぶつけられて博識になったり考え方の幅が広がったりとか、集団保育の刺激は子どもの知的、運動的、人格的発達になくてはならないものを提供してくれます。

よい保育者は、子どもたちが何を学び合っているか、そして生涯の幸せに大切な、人とかかわる力がどう育っているかを毎日見届けているはずです。

発達（development）

一般に、大きくなる、強くなる、速くなる、より困難な問題が解決できるようになる――などのことを発達といいます。辞書には⑴〔からだ・精神などが〕成長して、より完全な姿に近づくこと。⑵そのものの規模が大きくなること。⑶そのもののもつ機能がより高度に発揮される状態に進むこと。（『新明解国語辞典第三版』）などとされています。

低気圧の発達や科学技術の発達はともかく、人間についての発達はとても複雑で、しかもその考え方によっては子育てや教育のあり方に大きな影響をもつものですから、自覚すると否とにかかわらず、「発達」は大昔からの人間形成の中心的課題だったということができるでしょう。

まず大きく、子どもが大人になるのが発達だとして、子どもは時が経てば自然に大人になると考えるか、子どもは無知・無能なので、教えたり訓練したりして大人にしなければならないと考えるかの問題があります。

「子ども観」で詳しく述べている通り、原始時代、子どもは本能で育てられました。現代人は本能をバカにしますが、それは思い上がりというもので、動物の子育てに学ばなければならないことが少なくないほどです。未開社会では、子どもはその生命力と愛らしさから神秘の対象となりました。そのため神への犠牲《いけにえ》とされる例さえあったといわれます。

ところが古代国家が成立すると、その体制にとって有用か否かが人間の評価基準となりました。大人に比べて小さく弱く、何も知らず、生産力とならないばかりか足手まといで、消費ばかりする穀つぶし、餓鬼……こうしたことから子どもと障害者への差別の歴史が始まったのです。スパルタでは、出産と同時に政府の役人が鑑別し、将来賢く強く都市国家スパルタの戦士となると判定された赤ん坊だけが生存を許され、足手まといになると見なされた者は殺されました。そして残された子も七歳になると国の寄宿舎に入れられ、いわゆるスパルタ教育を受けたのです。

子育てが、その子のためでなく権力者や体制のためになった時から、早く役に立つ大人にするための教え込みや訓練主義が生まれ、それは中世以降も引き継がれました。その間違いを指摘して児童中心主義の教育に道を開いたのがルソーであり、ペスタロッチ、フレーベル、そしてデューイに代表される人々でした。

■人生の第二幕「幼児期の場」の主役は幼児たち

こうした人々による、子どもは大人を小さくしたものでも粗雑にしたものでもなく、子どもには子どもの世界がある、それを大切にすることが本当の教育である、という考え方は、やがて児童心理学、学習心理学、発達心理学などを生み、次々と新しい事実が発見されてきました。

一つは、〇点の赤ん坊から一〇〇点の大人に近づくことが発達だと考えられていたものが、そんなものではないことがわかったのです。例えば知的好奇心についていえば、ガラガラの音や光に眼をこらして見つめる乳児、小さな虫や草花や水の流れに気をとられる幼児のそれは、それらに何の関心をも示さぬ大人を遙かに上回るものがあります。

園生活の中で、「あ、救急車だ！」とまず幼児が叫び、やがてピーポ、ピーポと聞こえてきます。「どうしたんだろう」「けがしたのかな」「おなか痛いのかな」と本気で気づかう幼児たちを見ると、「そんなことどうでもいいから自分のことをしなさい」と言いかねない大人が、「思いやりの心を育てる」などと考えるのは思い上がりだと思わされます。三歳児がころんで泣く友だちを助け、ハンカチで涙を拭いてあげる姿など見ると、幼い時もっていた知的好奇心や思いやりの心や、その他さまざまなよいものや能力を、よくない教育や現実の生活でそぎ落とし、逆に一〇〇点の赤ちゃんから〇点の大人になってしまっている部分が少なくないことに気づかされるのです。

もう一つは、大きくなるという発達は、身長でいえば二〇歳代前半で終わる、ということです。強くなる、速くなるということも三〇歳代で終わります。単純な記憶力のピークは一〇歳代ですし、創造的な研究能力も四〇歳代が頂上といわれます。以後は経験による知識・技能の蓄積から、管理能力や判断力の高原状態はかなり伸びますが、脳神経細胞の減退に抗することができないことはいうまでもありません。つまり人間の発達を、個々の分野の量的増大や質的向上として見れば、どの部分もそれぞれ未発達の段階か、劣化の段階にあり、わずかなピーク時ないしやや続く高原状態を維持するに過ぎないということになります。長くなった人生の大部分が「マダダメ」と「モウダメ」に属するとすれば、これは何ともむなしく、かつ非効率な発達観になるではありませんか。

発達段階（Stages of development）というものを、〇点の赤ん坊から一〇〇点の大人へのステップと考えるのは単純過ぎました。現在考えられる最も進んだ結論を先に言えば、ステップではなく、ステージを舞台のステージと考えることです。

人生の第一幕「乳児期の場」。主役は赤ちゃん。脚光を浴びて乳児期にふさわしい生活を繰り広げる。第二幕「幼児期の場」。主役は幼児たち。脚光を浴びて幼児期にふさわしい生活を繰り広げる。第三幕「児童期の場」。主役は児童たち。脚光を浴びて児童期にふさわしい生活を繰り広げる。第四幕「青年期の場」主役は青年たち。脚光を浴びて青年期にふさわしい生活を繰り広げる。第五幕「成人期の場」。主役は成人たち。脚光を浴びて成人期にふさわしい生活を繰り広げる――こういう次第です。

少しくどく書きましたが、それはどの時期も人生にとってかけがえのない時で、他の時期のために省略されたり犠牲になったりしてはならないからです。このことは、発達ということが、その時期として充実していることを意味します。

「発達」という表記は、どうしても出発から到達までという意味にとられやすく、発達課題といえばその時期の到達目標と考えられがちです。しかし発達と訳された英語 development の語源はフランス語の「包みをはずす」という意味で、巻物や包みをひろげて隠れていた中身が外に出てくることを意味していました。「発現」とか「発展」ということです。キャベツが育って内側が外に出てくるようなものので、むしろ「発育」とした方がいいという意見もあるくらいです。

■乳児期から踏み固められるべき発達課題

発達課題（developmental tasks）というのは、人生の各時期にはそれぞれ固有の発達課題があり、それを下から踏み固めていくことによって幸せな人生を歩むことができるが、それが十分でないと、それから先の発達がゆがんだり行きづまったりして不幸な結果を生ずるという考えです。ここには、発達は放置されていても自然に内発的に行われるとする考えと環境という外的な刺激を絶対視する考えとが統合され、個体と環境との相互作用である経験の質が重視されます。

エリクソンは人生の各時期にはそれぞれ固有の心理・社会的危機があり、この危機を乗り越えたとき、子どもは人格の力を獲得し、それは次の段階に進む原動力となるとしています。ピアジェやハヴィガーストなど、発達段階ないし発達課題については多くの理論があります。

こうした諸説を踏まえ、私は乳幼児期の発達課題のうち最も大切なものを次のように認識しています。乳児期の発達課題は、人間やこの社会に対する「愛情」と「信頼感」を身につけることです。これは、泣いて訴えるたびに裏切ることなく優しく声をかけられながら授乳やおむつの交換をしてもらう赤ちゃんらしい生活の中で達成されます。

幼児期の発達課題は、同じく「愛情」「信頼感」のほか、自分で考え、自分で行動し、自分で責任をもつ「自立感」、自分で自分をコントロールする「自律感」、そして初めてすることはなかなかうまくいかないが何度もしていると少しずつ必ずじょうずになるという自信の「有能感」を身につけることです。これは、遊びを中心とした幼児らしい生活の中で達成されます。

ブルーナーが「レディネス（学習の準備としての成熟）は作り出すことのできるものであって、その自然発生的に熟する時期を待つ必要はない」と論じた一九六〇年頃から、日本でも早期開発教育の研究や宣伝が盛んに行われました。二歳、いや一歳でも字が読めるとか、三歳でも俳句が覚えられるとか、記憶や音感や運動能力の発達が求められました。

それら個別能力の発達は、生涯にその効果が持続することが稀であるばかりか弊害も少なくないことがやがて判明しました。例えば九歳未満で鍛えると運動能力は増大するが、柔らかな筋肉や骨を硬化させることによって大成が妨げられる等々です。

現在の発達研究は、生涯を充実して幸せに生きるために、それぞれの時期に何が大切かという視点で行われているといっていいでしょう。子育てもまた、こうした大きな視野を必要としているのです。

反抗期（rebellious stage）

ごく普通のお母さんが、「うちの子はいま反抗期で困ります」などとよく使う「反抗期」ということばは、シャーロッテ・ビューラーという人が、三、四歳ごろの第一反抗期と、十三、四歳ごろの第二反抗期を指摘して以来、当然のように用いられています。

■自立への歩みの顕著な時期

確かに満三歳前後や十三歳前後には、それまでにくらべて、いわゆる反抗的態度が目立ち、大人が困るという事実がありますから、決して間違いではありませんが、反抗期というよりはむしろ自立期とでもいいたいような性質の時期だと私は考えています。（しかし自立期といってしまうとそこで自立ができてしまうような印象が生まれるので、使うわけにはいかないのです）

というのは、大人に対してわざわざ反抗しようとしているというよりは、子どもが自立しようとすることに対して大人が反抗と受け取ったり、それを妨害したり抑圧しようとして発生するケースがほとんどだからです。

反抗ということは、二つの意志の対立によって現れます。ですから人と人との間に見られるもので、人と物との間にはあり得ません。さらに、人と人との関係であっても、二人の間の心理的距離が大きい場合にはあまり発生せず、自分に対して最も近い存在であり、強い影響を与えるものに対して反抗が現れます。反抗と服従とは深い関係があり、いままで強く影響され服従してきた相手に対して反抗が起きるのです。

子どもは、赤ん坊の時からずっと母子一体感をもって成長してきます。自分で考える力がないので母親が考えてくれます。自分で行動する力がないので母親が全部してくれます。自分で責任をもつ力がないので母親が責任をもってくれます。このように全面的に母親あるいはそれに代わる人に依存する生活の中で、人間やこの社会に対する愛情や基本的信頼感を原体験しています。

母親もまた、自分に全面的に依存するわが子に対する愛着を深め、それに生き甲斐を感じながら子育てに当たってきます。

私の教えた学生の中に、前途に希望がもてないといって相談にくる人が毎年のようにいました。自分に厳しい人たちだけに、よく勉強して就職し、よい人にめぐり会って結婚し、子連れで元気な姿を見せてくれることがあります。学生時代に悩んでいた人がいつからそんなに元気になったのときくと、就職できた時、求婚された時、いずれもこの自分を必要としてくれるということで幸せを感じて自信がついたけれども、出産は決定的だったと、ほとんど例外なく答えます。この子は自分がいなければ生きていけない、助けを求めてしがみついてくる。もう自分のことなどかまっていられない。私はこの子のために生きていくんだという心の張り合いができたというのです。男性の私には経験できないことですが、生き甲斐とは自分が必要とされることだということからいって、いのちがけで自分を求められる母親のそれは理解できます。つまり子どもに依存されることが生き甲斐につながるのです。

このことは、ひよわな新生児が全面的な保護や世話を受けて成長するために必要なこととして与えられている、いわゆる母性の本能でもありますが、これは大きな矛盾をもはらむことになります。

■いつまでも赤ちゃんでいてほしい？

一歳までの乳児期は離れることができません。歩き出し走り出す一歳児も目が離せません。二歳になると親の買い物にもついていけるようになります。親を頼りきり、ここで待っていなさいというとウンと心配そうにうなづき、しばらく待っても親が帰ってこないと、「ママーッママーッ」と泣き出す。手がかからなくてしかも自分を求めてくれる可愛い盛りです。この幸せがずっと続くと思っているうちに三歳が近づいたある日、いつものように「ここで待っていてね」というと「イヤダ、ボク○○ちゃんのとこへいきたい」といい、親の手を振り切って走り出す。お母さんの口からは「どうしてそう逆らうの！」ということばが飛び出すということになります。

子どもにしてみれば、お母さんの買い物を待っているよりも、友だちのところへ行った方がいいと初めて自分で考え、初めて自分で行動したのであって、お母さんに逆らうためにしたわけではありません。

本来ならば、子どもが自分で考えたり自分で行動できるようになったことを赤飯を炊いてでも喜ぶべきことでしょう。「そう、〇〇ちゃんのところへ行きたいの。でも一人で行ったら車が危ないから、ちょっと待っててね。お母さん買い物したら連れてってあげるから」と、子どもの考えを受け入れ、それが実現するように援助することで、子どもは自分の意志が認められ、さらにそれを助けてくれる存在に対して信頼を強めることになって、不必要な反抗をしないで済むようになります。

二歳から三歳にかけてのことばの発達は目覚ましいものがあります。ことばは考える力の大きな要素で、語彙が〇から一〇〇〇近くに及ぶこともあります。子どもによっては極端な場合、初めて自分で考えることができるようになります。初めて考える未熟な子どもの考えと、大人の考えは一致するわけがありません。もし一致したら、親がよほど幼いか、子どもがよほど早熟かということになるでしょう。違って当然なのです。

ことばの発達に伴って自分で考える力がつくのと同時に、自我の目覚めが始まります。これまでは母子一体感できたものが、自分はお母さんの一部ではない、別の人間なんだということに気がつき、それを態度に表すのです。それが「イヤダ！」です。親のいう通りにしていたら見えなくなってしまう自分の存在を、イヤダによって誇示するのです。

ある時のクラス会で、高級官僚だった友人の一人が、役所に入って何年かして部下をもったとき、その部下が起案したものが不十分だったのでダメだといって返した、それにハンを押して上へ上げれば政府原案の一部になるところだった、ああおれも偉くなったと思ったものだ、という話をしたので、私は、なんだ、それでは三歳児の心理と同じじゃないかとからかったことがあります。ダメだといって相手を困らせることによって力を誇示するのは弱い者のすることなのです。相手に足りないところがあれば、それを補って、相手の考えを生かし、その願望やアイデアなどを実現するように図ることこそ本当に実力のある人のすることなのですから。

■NO!といえる人になる練習

警察に補導された少年の母親から、うちの子は幼い時から素直で、親のいうことをウンウンとよくきき、先生のいうこともハイハイとよくきく素直な子だったのにこういうことになってしまって……お隣りの坊っちゃんは親や先生に逆らって手がつけられなかったというのに立派な高校生になって……こんなことがどうして起きるのでしょうか、ときかれたことがあります。

もちろんいろいろな条件が重なってのことですが、一ついえることは、子どもの味方である親や先生のいうことをきけば、結果が悪かろうはずがありません。つまり人のいうことをきく習慣を身につけた結果、悪友のいうことが拒否できなくなるということがあります。親や先生を相手にイヤダを連発することは、将来自分を守るための必要な練習といってもいいでしょう。

少なくともこの時期、自我に目覚めることは、自分の人生の主人公として自分の人生に責任をもって生きるために必要なことなのです。

ビューラーは、子どもの中に自分の考えや計画が立てられ、しかもそれを子ども自身発表することができないときに、親がそれを無視して親の意志どおりにしむけようとする場合爆発するといっています。

大人が、子どもの中に育ってきた主体的自我や考える力を無視することに対する抵抗なのです。子どもの育ち、特に心の育ちに対する理解がないと、双方が憎しみ合うという悲劇的な経過をたどることさえあります。

そしてもう一度、十三歳前後に、自分で考え、自分で行動し、自分で責任をもとうとすることが顕著になる時期があります。それまで小さく抗いながらも親や教師をとてもかなわない存在として信頼したり尊敬したりして依存していた状態から離陸し、すべての権威や社会のルールなどに疑いをもち、軽蔑の対象となったりするのです。これがいわゆる第二反抗期です。

児童期つまり小学生年代の子どもは、善悪の判断が親や教師から教えられたいわば客観的権威にもとづくものが多かったのに対し、青年前期つまり中学生年代になると、こうした外部の権威を強く否定しようとするのですが、まだ自我が十分に成熟しているとはいえず、自信のなさをかくすための虚勢的反抗が多くなります。

こうした経過を経て次第に主体的自我が確立し、余裕をもって他者と協調できる力が養われていくのです。

私たちのまわりには、人のいうことにいちいち逆らわないと気の済まない人がいます。おかげで会議が長引いて仕事にならないこともあります。私はこういう人はいまやっと第一反抗期を迎えたのかも知れないと思って、なるべく肯定的に見るようにしています。十分に逆らって、早く卒業していただいた方がいいのです。もっとも六十、七十になってまた第二反抗期がきて、まわりが迷惑するかもわかりませんが。

これは冗談ですが、人間の成長・発達には避けて通ることのできない経過があり、それをそれぞれの時期に十分に経験し、一つ一つ卒業していくことが大切なのです。子どもが見せる姿は、大人にとって都合のよいことも悪いことも含め、必ず必然性があります。その意味をなるべく正確に深くとらえ、適切な対応をすると、苦労がそのまま子育ての喜びに転化します。子どもの内面の育ちに寄り添う保育は、ますます重要性を増しているのです。

保育 (child care and education)

「保育」ということばはごく普通に使われていますが、法律用語でもあります。

「保育所は、日日保護者の委託を受けて、保育に欠けるその乳児又は幼児を保育する施設とする。」（児童福祉法第三十九条）

「幼稚園は、幼児を保育し、適当な環境を与えて、その心身の発達を助長することを目的とする。」（学校教育法第七十七条）

「教諭は、幼児の保育をつかさどる。」（同法第八十一条）

ここには、乳幼児が集団で育てられる福祉と教育の代表的機関のキーワードとして保育が用いられていますが、「保育に欠ける」という部分の保育は、保護者による保育のことですから、保育とは子育てそのものを表しているといってもいいでしょう。

現に、どの辞書を引いても「（乳幼児を）保護し育てること」（広辞苑）「幼児を保護して育てること」

（新明解国語辞典）などとあります。

■保育を分解してみれば

和製漢語と思われる「保育」を分解してみましょう。

「保」①たもつ。もちつづける。「保持・保存・確保」②やすんじる。世話をする。たすける。「保護・保育・隣保」③うけあう。ひきうける。「保証・保障・担保」④もり。守役。「保母」「育」①そだてる。（ア）はぐくむ。養う。「育児・育成・養育・飼育・愛育」（イ）養いみちびく。しつける。「教育・訓育・体育」②そだつ。成長する。「発育・成育」（国語辞典　旺文社）

なかなかいい意味が双方の文字にあり、それらを総合したものとして保育ということばが成り立っていることがわかります。

一八七六（明治九）年わが国最初の幼稚園として東京女子師範学校附属幼稚園が発足して以来、保育ということばは主として幼稚園を中心に用いられました。一九四二（昭和一七）年に文部省から出された『幼児保育に関する諸問題』の中に、「本来、保育と言ふ言葉は幼稚園教育の事を意味するものとして明治以来通用して居たのであるが、託児所側が託児と言ふ名称を嫌って保育所と呼び、且昼間託児事業を保育事業と呼ぶ様に厚生省に要求し、厚生省が文部省に無断でかかる名称を許容すると共に、自らも用ひて居る」と書かれているくらいです。

それはさておき、前記の学校教育法に「幼稚園は、幼児を保育し」と定めた時の事情について、その任に当たった坂元彦太郎氏は、「保護教育の略と考え、外からの保護と、内からの発達を助けることを一体として考え、これが幼児期の教育の特徴だと考えた」と述べています。

同様に「保護と教育」としながら、山下俊郎氏によれば「相手が幼い、ひよわな子供であるということは、ただ真向うから教育の内容を、極端な言い方をすればたたきつけるように与えるということを許さない。小さくて幼くて、ひよわなのであるから、この子供たちを保護してやり、いたわってやり、面倒を見てやり、世話しながら教育の営みをしていかなければならない。(中略)そこでこの保護と教育という意味あいから、幼児教育のことを保育と呼びならわす習慣ができたと考えられる」とされています。

この二つはどちらも、幼児教育にとって保護と教育の両面が必要だから保育というのだとしていますが、本質的に微妙なずれがあります。そのことは後でまた考えることにして、実はもう一つの立場があるのです。

それは保育所における保育は、幼児教育だけではない、ということです。一般に保護者によって行われている養護、つまり、食事を与え、危険から守り、休息や睡眠を確保するなど、生命を保障する営みが欠ければ、成長も発達もあり得ないわけで、教育と同等、あるいはそれ以上に大切な養護を併せて保育というのです。

したがって、同じ保育といっても、幼稚園の場合は幼児期の教育の特質を保育ということばで表現し、保育所の場合は、それプラス、あるいはその前提として養護という営みが存在しなければならないということを忘れることはできません。

■二元論では表せない保育の本質

左図のような説明がされる場合があります。新生児は全面的な保護が必要で、教育の入る余地はないが、次第に保護の必要が減り、その分教育を増やすことができる。六歳からは全面的に教育に移行して学校に入る。したがって乳幼児期は保護と教育で保育、学校では教育、という考えです。この二元論はとてもわかりやすいようですが、保育ということの本質的な説明としては不十分といわなくてはなりません。

フレーベルは「自然のままのほんとうの母親は、子どものなかでかすかながら全面的に活動している生命に、全面的にしかもひそかについてゆきながら、その生命を強化し、さらに奥深いところにまだまどろんでいる、より全面的な生命を、次第次第に目覚めさせ、それを発展させるのである。もういっぽうの母親たちは、子どもの内部はからっぽだと思い、子どもに生命を吹きこもうとしたがる。いや、からっぽだと信じこむほどに、自分でからっぽにしてしまって、かれに死を与えてしまうのである」といっています。

子どもの生命には、あらゆることに対する知的好奇心という知識欲や活発な活動意欲など、人間としての全面的発達の芽がそなわっています。そのすべてを大切に守り、少しずつ強めていくべ

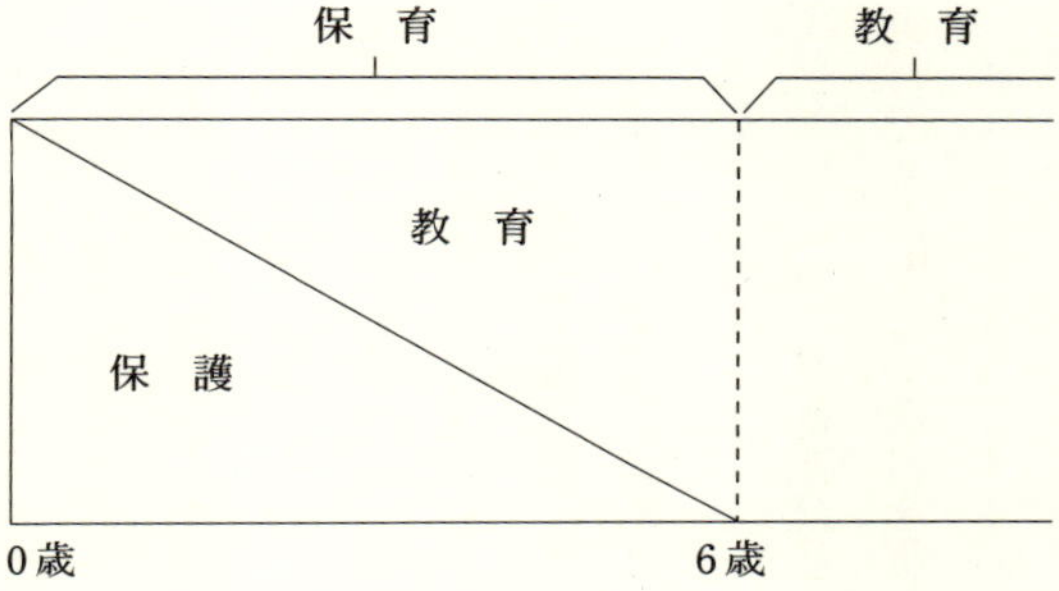

問題の多い保育二元論

きであるのに、外から注ぎ込もうとするために発達の芽をつんでしまっているというのです。

「育む《はぐく》」ということばの語源は、親鳥がその羽でひな鳥をおおい包むことです。それによって幼鳥は冷たい外気や外敵から守られ、親鳥のぬくもりを受けて、与えられたいのちが発育していくわけです。同様に、「培う《つちか》」の語源は、草木の根に土をかけて育てることです。根が露出して枯れないように土を寄せてやることによって、植物が与えられたいのちを実現させていくのを助けるのです。

つまり生命には発達のメカニズムが内蔵されており、それがそこなわれないように守ることによってその育ちを助ける――これこそ保育の本質といえるでしょう。

つまり、守ること（保護・養護）と育てること（教育）を分けることはできないのです。

これを分けて考えると、大きな危険が生まれます。私の教え子が勤めた保育園で、園長が子どもに怪我をさせないのが養護だといって室内に閉じ込め、教え込みのやらせ保育を命じてこれで養護と教育が実行できたとして職員を深刻に悩ませた例があります。

怪我がないようにするのは当然のことですが、それよりも本来の子どもらしい生活を守ることが何よりも大切です。走り回って小さな痛い目に会いながら、何が安全で何が危険かを知り、自分で自分の身を守る身のこなしまで身につけるのが本当の安全教育でしょう。

「子どもらしい生活を守ることによって育てる」――これが保育です。ことばを変えれば、「発達（しようと）する生命を守り育てる」ことであり、「子どもの内面的・本質的願望を、自分自身の力で実現できるように援助する」ことでもあります。

この点で、先の坂元氏の「外からの保護と、内からの発達を助けることを一体として」という考えに近く、山下氏の「世話をしながら教育の営みを」というのはいささか二元的と思われます。

■子どもを忘れた保育ニーズに保育はない

幼児教育ということばは、幼児を対象とする教育という、きわめて客観的な表現であるのに対し、保育ということばは、幼児教育のあるべき姿を、思想においても実際においても示そうとする価値的な表現として用いられる場合が多いようです。

前に述べたように、保育所保育は、保護者の委託を受けて、乳幼児の生命の維持のための養護を根幹に、同時にいま述べた幼児教育としての保育を行うものです。

このことは、乳幼児の生命の維持と発展という、幼児教育の根本にかかわる問題であり、さらに、乳幼児や女性という社会的に差別されやすい人々の人権を擁護する立場からも、保育ということばは一つの主張として用いられる場合が少なくありません。保育ニーズの多様化に応えるということが言われ、社会問題化していますが、いささか気になるのは、これが親のニーズの観点からのみ対応が考えられ、本来の保育ニーズ、つまり保育を必要としているのは一人ひとりの子どもであるということが忘れられているのではないかということです。

子ども一人ひとりが、一つしかないいのちを幸せに生きるために、いま何を求めているかに応えようとするところから保育は始まり、それが忘れられたところには、託児やしごきはあっても保育はなくなるということを確認したいと思います。

〔付記〕

英語には「保育」のようなよいことばがなく、日本保育学会ではearly childhood care and education

としていますが、これはbread and butterやhit and runのように「教育つきの世話」ということです。【educare】という造語が使われはじめていますが、実はこれはeducationの語源である（潜在するものを）引き出す、発現させるという意味のギリシャ語と同じつづりで、ケアという意味は本来はなかったものといっていいでしょう。

保育の形態 (form of child care and education)

子どもを守り育てるという意味での本来の保育のあり方に、一定の型式などはあるはずがありません。ところが、「こちらの園は一斉保育ですか、自由保育ですか」などときかれることが少なくないように、幼稚園や保育所などの集団保育施設における保育のあり方への一般の関心は、どうもこうした形態にあるように思われます。そこで、このような割り切り方こそ、かえって事の本質をわからなくしているということについて考えてみたいと思います。

■一斉保育のわかりやすさと重大な欠点

一斉保育とは、保育者が決めた活動（学習、遊び、行事やその練習など）をクラスの幼児全員に一斉にさせる保育です。いわば学校の一斉授業を幼児向けにしたものということができるでしょう。

実は、わが国の幼稚園の出発点も一斉保育でした。明治九年初めて開設された東京女子師範学校附属幼稚園の実際は毎日次のような順序で繰り返され、その時間はそれぞれ二〇分ないし三〇分でした。

登園
整列
遊嬉室――唱歌
開誘室――修身話か庶物語（談話あるいは博物理解）
戸外あそび
整列
開誘室――恩物――積木
遊嬉室――遊嬉か体操
晝食
戸外あそび
開誘室――恩物
帰宅

戸外あそびとか遊嬉とかに自由遊びの余地はあるにもせよ、お遊戯というのは振り付けのある子どもの舞踊でしたから、四時間のほとんどが一斉保育であったことがわかります。

以来法令で定められた保育内容は、保育四項目、五項目、保育要領一二項目、幼稚園教育要領・保育所保育指針六領域と変化しましたが、一部の先進的な園を例外として、多くはその項目ごとの時間を設けて一斉保育の形態がとられてきました。自由遊びも時間割に位置づけられたり、授業時間の間の休み時間のように取り入れられる程度だったのです。

明治五年の学制以来、わが国では「教育といえば学校、学校といえば一斉授業」という通念が強固に出来上がっています。幼稚園もミニ学校と考えられ、保育所も右へならえというわけで、進んできました。

一斉授業の特長は、全員に同じ知識、同じ技能、同じ態度を学習させるための形態だということです。産業革命以降、各国は国民に同一の知識・技能・態度を身につけさせることで高品質の大量生産に必要な労働力を確保し、富国強兵につながりました。

これはとてもわかりやすい形態です。先生が何を教えているか、生徒が何を学んでいるか。また、先生の説明がわかりやすく、生徒がよくそれに応えていれば、まず間違いなくいい授業です。そしてその成果はテストでも発表会でも一目瞭然です。

ところが、この形態の欠点は、教わる側一人ひとりの事情が二の次にされてしまうことです。それぞれ素質も経験も能力も興味・関心も意欲も異なる生徒たちに一定時間内に同一の結果をもたらそうとすれば、先生も生徒も苦しいので、双方ともあきらめるか荒れるかといった結果になりかねません。またこうした教師主導型の一斉授業に慣れれば慣れるほど、学習主体としての自主性や創造性、さらには積極的な協調性に乏しい指示待ちの受け身人間になる場合もあります。

覚悟して入学した生徒でさえそうですから、まして幼児たちにとって学校の授業のような一斉保育は問題です。

第一に幼児教育は、小学校以上の教育のように一定の知識・技能を身につけさせることが目的ではないということです。結果としてはそれらもいろいろと身につきますが、いちばん大切なのは、幼児期の発達課題である、人間やこの社会に対する愛情や信頼感、自分で考え自分で行動し自分で責任をもとうとする自立感、自分で自分をコントロールする自律感、初めてすることは下手だけれど、何度もやっていると必ず上手になるという有能感などを原体験として身につけることなのです。

第二に、幼児の発達は個人差がきわめて大きいことです。あり得ないことですが、仮に誰もが同じ発達を同じ速度で遂げるとしても、三歳児のクラスには満三十六カ月から満四十八カ月に近い子が入って満六十カ月近くまで保育を受け、五歳児は満六十カ月から満七十二カ月に近い子が入って満八十四カ月近くまで保育を受けるのです。その上に親や家庭環境の違いから素質も生活経験も大幅に異なります。

こうした子どもたちに一斉に何かを求めるとすれば、無理が生じないはずがないといえるでしょう。

■設定も一斉も自由の中で

安易な一斉保育を批判しつづけた倉橋惣三は『幼稚園真諦』の中で「子供が真にそのさながらで生きて動いているところの生活をそのままにしておいて、それへ幼稚園を順応させていくことは、なかなか容易ではないかもしれない。しかしそれがほんとうではありますまいか。」と述べて、「幼児のさながらの生活――｛自由
設備｝――自己充実――充実指導――誘導――教導」という図式を示しました。

これは、幼児らしい自然の生活が大前提で、そこに自由と設備という環境を与え、幼児の自己充実を図る。自己充実のできにくい幼児に手助けの意味での指導をし、さらに、幼児の刹那的散発的な遊びに系統性を与えるために誘導を行い、最後に仕上げの意味で最少限度の教導を与えるのが園生活の構造であるとしたものです。

倉橋は子どもの自由感を何よりも大切にしました。彼自身は「自由保育」とは言わず「誘導保育」と称したのですが、園の枠にはめる一斉保育を打破する考えを世間は自由保育と呼んだようです。

子どもは、自分の中に育ってきた力を必ず使おうとするという大原則があります。暴れるようになったということは体力がついたということ、理屈を言うようになったということは因果関係や法則がわかりはじめたということです。それを抑圧すればいつまでも身のこなしが不器用で爆発的な行動しかできない子や屁理屈にこだわる子になります。反対に十分にさせてやれば、洗練された運動能力を身につけて落ちつきのある子、筋の通った考えのできる物わかりのいい子になる道理です。

子どもが何かをしたがる時こそ、そのことを練習（学習）する適時であるということこの「自発的使用の原理」は、保育のあり方の大きな指針になるでしょう。

このことは、いわゆる自由保育の理論的支柱であると同時に、その自由が放任であってはならないということをも示しています。

子どもが何かをしたがるためには、内部的な成熟と環境とが合致する必要があります。例えば、体力が育ってきたとしても、走る場所もなければ追いかけっこをする友だちもいないというのでは、走る気にはならないでしょう。物語への理解力や想像力が育っていても、よい本やよい本の読み聞かせに出会わなければ、せっかく内部に育ってきた力は使われて身につくことなくしぼんでしまうのです。

したがって子どもたちの状況に応じ、次々に適した環境が与えられる必要があるのです。私の園長経験からいっても、本来運動のきらいな子、音楽のきらいな子、造形のきらいな子などいないのです。私たち自身、苦手なものがあるとすれば、幼い頃に出会う機会がなかったか、よくない出会いがあったかのどちらかです。よくない出会いとは、無理やり与えられたか、せっかく楽しんでいるのによくない評価を受けたかのどちらかです。

そういうことがないように、平成二年以来、教育要領も保育指針も、幼児期の特性を踏まえ、環境を通して行うものであることを基本とし、幼児の自発的な活動としての遊びを中心とする主体的な活動が十分に展開されて幼児期にふさわしい内容が経験されるように、ということになっているのです。

そのためには幼児の姿に即したねらいを立て、そのねらいを達成するために経験させたい内容を考え、そのための物的空間的環境を構成し、常に幼児と呼応した援助を惜しまない必要があります。

これは放任とはほど遠い「自由保育」であり、活動の強制を伴わない計画性をもった「設定保育」でもあります。保育者の用意した環境とそれぞれの幼児たちの選択や創意工夫によって生まれたいろいろなグループが、保育室、遊戯室、園庭などを自由に使って遊ぶ様は、固定されて追い込まれるものとはおよそ違う「コーナー保育」でもあります。

そして、自分たちのホームルームとしてのクラスをしっかり持ちながら、その枠にとらわれず、いろいろな遊びの中で交流する様は、「解体保育」であり「縦割り保育」であり、「異年齢混合保育」でもあります。

さらに、クラス全体で相談をしたり、歌やゲームや絵本の読み聞かせを楽しんだり、行事に参加したりする「一斉保育」も、子どもたちにとってなくてはならない楽しい時間です。言ってみれば、園生活の中で、どの子も一斉に、生き生きと自己課題をもって活動している意味の一斉保育でありたいものです。

形にとらわれない教育を「インフォーマル・エデュケーション」とか「オープン・エデュケーション」

とか言いますが、保育者とすべての幼児が、それぞれのよい人生への願いを実現できる園生活を目指して進むには、一つの形にこだわることはできません。あらゆる形態を自由自在に用いて、その喜びを共にする必要があると思うのです。

母子関係 (mother-child relationship)

子はすべて母から生まれます。正確にいうと、子を生むまでは母ではありませんから、出産によって子も母も生まれるわけですが、とにかく人間にとって最初の人間関係が母子関係であることは事実です。さらに、生物学的な自然は、生みの親がそのまま育ての親になるように母乳を用意しています。こうしたことから、人生の最初の時期である乳児期に最も密着したかかわりをもつ母子関係が、人間形成に大きな影響を与えることは早くから知られていました。

■ルソーからボウルビィまで

近代的教育思想の先駆者として知られるルソー、ペスタロッチ、フレーベルは、それぞれ『エミール』『白鳥の歌』『母の歌と愛撫の歌』という主著の中で人間形成における母性の影響を強調、賛美しています。

母子関係について、より学問的にメスを入れた精神分析学の創始者フロイトは、母親に対する関係は、男の子にとっても女の子にとっても、人生最初であり最強である愛情対象で、その後のすべての愛情関係の原形として一生不変の関係であるとしました。

フロイトの影響を受けたスピッツは、精神分析理論による実証的研究を行い、母親から離され施設で養育された乳幼児に見られる症候群（ホスピタリズム）の存在を指摘し、『母子関係の成り立ち』を著しました。

ボウルビィは、温かな養育を受けていない施設児たちを研究の対象として得られたデータを基に、三歳未満児の母子分離や集団保育は精神発達にとって望ましくないこと、乳幼児は家庭で母親によって育てられるべきこと、また母親の生物学的特徴を重視して、育児行動を女性の天性のように強調しました。ＷＨＯ（世界保健機構）に提出したボウルビィの報告書『マターナル・ケア　アンド　メンタル・ヘルス』（日本語版は黒田実郎訳『乳幼児の精神衛生』）は、国際的に普及しました。その内容は、人格の発達にとってマターナル・ケア（母性的養育）は絶対不可欠な要因で、もしそれが欠けると子どもの精神発達は危険にさらされるという主張でした。「乳幼児と母親（あるいは生涯母親の役割を果たす人物）との関係が、親密で、しかも両者が満足と幸福感に満たされているような状態が精神的健康の根本である」と述べています。精神的なホスピタリズムが発生する原因はマターナル・デプリベーション（母子関係喪失、母性剥奪）にあるというのです。

ボウルビィはさらに『アタッチメント　アンド　ロス』（『母子関係の理論』黒田ほか訳）において、関連諸科学の最新データを統合した人間関係論「アタッチメント　セオリー」を展開しました。

アタッチメント（愛着）とは「ある特定の対象に対して強い情愛的結びつきを持とうとする人間の特質」とされます。ボウルビィによると、人間には生来的に他者と結びつこうとする衝動があり、誕生直後からの泣き叫びや、数日後からの発声やほほえみなどの行動は、他者の関心を引く効果をもたらします。また誕生後から可能な、握る、吸う、見つめるなどの生得的行動は、他者への接近を可能にする試みです。彼は前者の行動群を発信行動、後者の行動群を接近行動と名付けました。

乳児の発信行動や接近行動が、特定の人物によってタイミングよく、快適に応答されると、乳児はその人物に対して次第に愛着をもつようになります。このように、特定対象への愛着は、生得的諸行動を基盤として、子どもと養育者との相互作用の過程で徐々に形成されていくものと考えられます。子どもにとってこのような愛着対象は、通常、生みの母親ですが、他の特定の人物が養育に当たれば、その人が愛着の対象として選ばれることになります。

■「母性神話」の否定

ボウルビィに代表される母子関係論は、英米をはじめ国際的にも大きな影響を与え、わが国も例外ではありませんでした。一九六〇年代に入ると、経済成長に伴う労働需要や、戦後民主主義による男女同権意識の普及による女性の社会進出が進みましたが、そのブレーキになったのが母子関係絶対という母性神話です。神話とは科学を超えて信じられる物語のことで、例えばボウルビィも、初期には母親が愛着の対象として最大限に重視されましたが、後には母親以外の人物も愛着対象として階層的に重視され、「マザーフィギュア」に代わって「アタッチメントフィギュア」という用語が用いられています。

母子関係が重要であることは科学的事実ですが、その母が産みの母でなければならないというのは神話になります。もう一つの神話は、女性はすべて先天的に母性を備えていると信じることです。

この二つの神話を枠組みとして女性の生き方を考えると、第一に優先されるべきことは結婚・出産・育児であり、少しでもそれの妨げになることは女性として望ましくないということになりかねません。このことは女性を家庭に縛りつけ、男性と共に社会も家庭も担う自由を奪うことになります。当然、女性の権利に目覚めた者にとって、母性神話は打倒すべき対象です。

しかし、この場合注意しなくてはならないことは、神話とともに科学的事実まで否定してはならないということです。

私の教え子の保育士や保育所長から、近年このように訴えられることが少なくありません。――「保育士は親代わりなんだから、実の親以上に一人ひとりの子どもに愛情を注がなければと先生に教えられた通りにしてきました。ところがこのごろ、私たちが愛情を注げば注ぐほど親の方が手抜きをする傾向が見えて、その矛盾に悩んでいます」と。

これは母性神話を否定する証言です。同時に、女性が子育てを外部に発注することによって子どもへの愛着が育たず、母子ともに不幸になることがあるということをも示すものです。

子どもから母親への愛着が、母子の相互作用の過程を通して次第に形成されていくのと同様に、母親から子どもへの母性愛(マターナル・アタッチメント)も、子どもとのかかわりを通して形成されていくのです。たとえ母親が周産期においてわが子にマイナスの感情を持っていたとしても、育児の過程で次第にプラスの感情に変わることがあることを確かめたクラウスらの研究、マターナル・アタッチメントに影響する要因を母親側について調べたロブソン、子どもの側について調べたトーマスらの研究も参考になります。

■望ましい母子関係のために

以上見てきたように、必要以上に絶対視して女性の権利を抑圧するような母性神話は排除しなければなりませんが、母（母としての働きをする養育者）と子どもとの関係はきわめて大切なものがあります。

本来、農、工、商いずれの職業であっても夫婦共働きでした。プライバシーがないほど近隣との交流もあり、年寄りを大切にしながら家業や家事を助け合う両親の姿は、子どもにとって人間として生きる姿のモデルでした。オンブにダッコの乳児期を過ぎると、大勢のきょうだいや近隣の友だちと路地から野山まで遊び回り、親も仕事に精を出しながらそれを見守ったものです。こうした中で子どもは十分な依存の上に自立して環境とかかわる力を得ることができました。

ところが、現代社会は職住分離が進み、都市化、核家族化の中で母も子も孤立するに至りました。さきにふれた女性の就労による母子関係の危機に劣らず、専業主婦の危機も深刻なものがあります。

その一つは、子どもだけに生き甲斐を求めるあまり、「公園デビュー」「お受験」などにも見られる溺愛、過保護、過干渉で、その結果マザー・コンプレックスといわれる状態の人間にして子どもの自立を妨げてしまうことです。親離れのできない子、子離れのできない親が問題になったことは衆知の通りです。

もう一つはさらに深刻で、親としての自覚や愛情に欠けた放任や虐待です。これは母親自身の人格形成の原体験に問題があったと考えられる場合もありますが、多くは現時点で母親が孤立化し、情緒不安定や育児ノイローゼに陥っている場合です。

　このような状況は、子にとってはもちろん、母にとっても父にとっても社会にとっても全く望ましくありません。現在が不幸であるばかりか、人間形成は再生産されて伝わるので、その影響は測り知れないものがあります。そこでまず考えなければならないのは、真の子育て支援とは何かということです。スウェーデンでは少子化をくい止めるために保育所を増設しつづけたが果たさず、せっかく子どもを生んでも預けてしまうのではつまらないという国民の要求を知って有給の育児休暇を男女共にとれるようにしたら出生率が上向いたという経験があります。働けば働くほど地球環境の破壊につながる今日、男女共働すれば労働時間の大幅短縮とフレックスタイム制の導入によって夫婦が交代で育児に当たる可能性も増大します。

　いたずらに母性神話の対極を目指すことで子育てならぬ子捨て支援につながり、長期間長時間の集団施設保育の弊害を子どもにも親にも保育者にも与えることは避けなければなりません。子育ての喜びを享受する権利と義務を女性から奪うことなく、男性も社会もそれを共有するビジョンを持つべき時がきているといえるでしょう。

【参考文献】

(1)『わが国における保育の課題と展望』世界文化社、第五章「女性労働と保育の課題」黒田実郎・金田利子ほか
(2) 岸井勇雄『これからの保育――幸せに生きる力の根を育てる』エイデル研究所
(3) 岸井勇雄『幼稚園教育の進展――時代の変化に対応したあり方』明治図書

ほめる・しかる(praising and warning)

■賞罰の功罪——ほめればいいというものではない

子どもの中に正しい価値観を育てるためにも、望ましい行動を習慣化するためにも、よいことをしたらほめ、よくないことをしたらしかる、ということが行われてきました。これをしないで放任されて育った子どもが自他を不幸にしていることについては、広く指摘されているところです。

ある考えや行動が強化されるのは、結果として満足や喜びが得られた場合であり、反対に不満や痛みを伴えばマイナス（しないよう）に強化されます。

この単純な法則の応用がいわゆる「アメとムチ」であり、動物の調教はまさにこれによって行われています。

注意しなければならないのは、いちばん大切なことはその考えや行動そのもののもたらす結果の満足や喜びを子ども自身が感得することであって、賞罰がそれにとって代わるようなことがあってはならないということです。

お手つだいでも勉強でも、そのこと自身を楽しむことが第一で、次はその結果まわりの人に喜ばれたりいい成績を得たりすることが素晴らしいのであって、ごほうびとして大げさにほめられたり金品をもらったりすることが目的になってしまったら本末転倒ということになります。

ある園で、友だちの脱いだ靴をそろえている子がいました。それを見つけた先生が大声で叫びました。「みなさん、見てごらんなさい。○○ちゃんはえらいですよ。お友だちの靴までそろえてあげていますよ」

それから後のことです。その子は廊下に落ちていた紙くずを拾いました。それをくずかごに捨てようとして、ふとあたりを見回して誰もいないと知ると、それをまた廊下に捨ててしまったのです。

その子は人が見ていようといまいと、よいことをする子でした。よいと思ったことをする地味な喜びを知っていたのです。ところが先生に派手にほめられた強い刺激は、その地味な、しかし本当の喜びを吹き飛ばしてしまい、人前でほめられないことなどつまらなくなったのでしょう。

よいことをすること自身の喜びを育てるのでなければ何にもなりません。ほめられながら育った子どもの多くは、学校に上がっても自分の部屋で勉強する気がしないようです。わざわざ親のいる所へ持ってきてほめてもらうのでなければ張り合いがないのです。人に隠れてでもするくらいでなければ、何事もものになるものではないというのに。

さらに、ほめられて育った人は、人にほめられて当たり前を越えて、ほめられないと機嫌がよくないという、鼻もちならない性格になる恐れがあります。

■認める・励ますという明るい雰囲気が大切

小学生を対象にした実験で、Aのグループにはほめながら教え、Bのグループにはしかりながら教えてテストをして、次はその反対の教え方をしてテストをしたところ、必ずほめながら教えた方ができがよかったという報告があります。

誰でもほめられればうれしいし、自信はつくし、気をよくし、やる気を出して勉強するはずです。しかられればおもしろくないし、自信もやる気も失う可能性があります。

また、頭のいい子の母親は明るい性格の持ち主が多いという報告もあります。

生活を共にする大人の性格が明るいと、子どもを肯定的に見ます。あれができない、これができない、とできない部分ばかり見て叱言が多くなるというのではなく、あれもできる、これもできるとできる部分を見て認めようとするでしょう。子どもがとんでもないことを考えても、「おもしろいね」と同調する余裕があるでしょう。

頭がいいということは、環境に興味・関心をもってかかわり、いろいろな見立てや想像力を働かせて法則を発見したり応用したりすることですから、生活を共にする大人の性格が暗いと、それを否定的に見がちなため、頭を使うことを妨げられてしまうと考えられるのです。

まず子どもの中によいものを発見したら、それを認めることです。例えば、子どもが紙クズを拾っているのを見たら、その場でほめるよりも心の中にしまっておき、何かのときに「○○ちゃん、このあいだ廊下の紙クズ拾っていたわね」と本人に話すことです。子どもは、自分がよいことをしていることを、親や先生はちゃんと知っていてくれるのだと知って神様のように思うでしょう。

「ダメじゃないか」としかるよりも、「お父さんもお母さんも先生も、子どものころはいろいろ失敗した。でもそれに負けずに、何度も頑張ってやり直したから立派に大人になれたんだよ」と励ますことです。子どもは身近な人のようになりたいと思っています。その大人が、子どものころは自分と同じだったと知るのは大きな励ましです。

「ほめる・しかる」より「認める・励ます」ことが大切です。これは子どもの中には立派な人になりたいという潜在的本質的な願望があり、その願望をしっかりと認め、それを子ども自身の力で実現するように援助することにほかなりません。

■大人への心服があってこそ思いきりしかることも

しかることも大切です。問題行動を起こした少年が、もっと本気でしかって欲しかったと言い、本気でしかってくれる人に会えて立ち直ったということも少なくないのです。しかし一般に、しかることは反発を招き、慣れさせ、自信ややる気をなくさせるなどのよくない結果を招くことが多く、特に体罰を伴う場合は、次のような弊害があります。

まず体罰を与えるとき、ほとんどの大人は感情的になっていると言えます。子どものためではなく、自分のイライラのはけぐちを子どもに求めているのです。こうしたことは次のような結果につながりかねません。

(1)大人の態度がモデルになって、感情的な、粗野な性格が形成されやすい。
(2)大人がどんなに正しいことを言っても、子どもが理解できなかったり反発したりすることが多い。

(3)大人の顔色をうかがったり、人の目を盗んで悪いことをするような卑屈な人間になる恐れがある。

さらにアメリカの調査では、暴力的非行少年の生育歴に、親や保育者の体罰の影響が暗い影を落としているという報告があります。

プロ野球の王貞治さんが子どものころ、自分の家（中華料理店）の売り上げを盗んで見つかり、お父さんに殴られたと言います。王さんのお父さんは温厚篤実で知られた方で、日本に住む中国人として差別された中にあって、ここで生きていくからには、絶対に悪いことをしてはいけない、いつも行いを正しくし、どんなことがあっても決して腹を立ててはいけない——と家族にも言い、自分も実行しておられた方です。

子どもに手を上げたことなどは一度もなかったお父さんのその時の仕打ちに驚いて、恨みを込めてにらみ返したところ、お父さんは顔を真っ赤にし、眼にいっぱい涙をあふれさせていたというのです。彼は自分のしたことがどんなに悪いことであったかを初めて知り、二度とそのようなことはできなくなったということです。

この話は、決して体罰礼賛ではありません。もしお父さんが、ふだんから気に入らないことがあると殴る蹴るの乱暴をするような人であったらどうだったでしょうか。逃げ出して舌を出し、痛い目にこりて今度こそ見つからないようにうまくやろうと思うくらいかも知れません。温厚で愛情深いお父さんが本気で悲しんで怒ったからこそ、骨身にしみたのです。

入園してきた子どもの中に、先生の言うことを全然聞こうとしない子がいました。調べてみると、親にたたかれてはいうことをきかされてきた子なのです。

「いうことをきく」ということは、本来「相手の言葉をよく聞いて理解する」ということであって、

「命令に従う」という意味ではないはずです。人間である以上、自分の判断で主体的に行動する力を身につけることが何より大切で、暴力におどされて命令に従うような習慣をつけたら、将来取り返しのつかないことになるでしょう。

身近な人に対する愛情や信頼感こそ、三つ児の魂百までもと言われる人間形成の基礎となるものです。大人の落ちついた、温かく、しかもけじめのある態度や言葉によるしつけは、体罰をほとんど必要としないはずです。要は、子どもが心服するだけの中味を大人が持っているかどうか、ということになるでしょう。

お母さん方から受ける質問の中に、父親の言うことはよく聞くのに、私の言うことを聞いてくれない、というのがあります。それには三つほど理由があるようです。

一つは口数の問題です。一日に一回言えば一の重みを持つ言葉も、百回言えば百分の一の重みになります。「静かに」を連発する先生のクラスほど騒がしく、めったに言わない先生が言うとシーンとなる道理です。

もう一つは、わが子を別の人格と思っているかどうかの問題です。母親はわが子を自分と一心同体のように愛しているので、自分の思い通りになって当然と考えているところがあるようです。父親は最初から子どもとは別の人間だと思っています。別の人間を自分の思う通りに動かすのは大変なことです。毎日の職場でさんざん苦労していることもそのことで、その認識がいささかの差になっている場合があるかも知れません。

さらに一つは、わが子をわがことと思うあまり、心配性で、思ったことをそのまま口に出さずにはいられないのでしょう。仕事をしながら隣の部屋にいる子どもに、「早くテレビを消して宿題して寝なさい」などと言い続け、子どもが「お母さん、何か言った?」と聞くと、「ホラちっとも人の言うことを聞いてないんだから……」という風景も見られます。

　これだけ言ってあげているのに、というのは自己満足です。そんなに心配なら、仕事を中断してでも子どもと向かい合うべきです。子どもと眼を合わせ、子どもの心に響く言葉をかける、これはすべての大人が心すべきことのように思います。

保幼小の関連
(relation between day nursery, kindergarten and elementary school)

「子育て支援」などの項目でも述べているように、本来乳幼児期から児童期にかけての子育ては、老若男女共同参画社会であった家庭や近隣（地域社会）という環境で行われ、母親を中心に、「みんなで」行うものでした。多くの場合のその自然なあり方は、過保護・過干渉、溺愛、放任といった偏りを防ぎ、母にとっても子にとっても、多様な人間関係に支えられた望ましい体験を保障するものだったといってもいいでしょう。

それが社会の近代化とともに、家業のサラリーマン化と職住分離が進み、多くの専業主婦が生まれ、子どもとともに家庭に残されました。都市化、核家族化、モータリゼーション、そして近年の少子化によって、子どもがその発達課題をクリアする環境条件は極端に悪化したといえます。

こうした状況の中で、保育所と幼稚園の役割の重要性はきわめて高いものとなり、さらに小学校との接続にも大きな関心が払われるようになりました。

■保育所と幼稚園のこれまでの変遷

現在、「保育所は、日日保護者の委託を受けて、保育に欠けるその乳児又は幼児を保育する施設とする。」（児童福祉法第三十九条）、「幼稚園は、幼児を保育し、適当な環境を与えて、その心身の発達を助長することを目的とする。」（学校教育法第七十七条）と定められ、厚生労働省所管の福祉施設と文部科学省所管の学校として、つまり児童福祉の施設としての保育所（〇歳～六歳）と幼児教育の機関としての幼稚園（三歳～六歳）という目的・機能を異にする存在として併立しています。

明治から昭和にかけての戦前は、両者とも数が少なく、共稼ぎを必要とする比較的低所得層のための保育所（託児所）と、比較的高所得層のための幼稚園という通念が存在し、大多数の子どもたちは就学前はもっぱら家庭と近隣できょうだいや仲間たちと遊んで過ごし、満六歳の義務教育就学で初めて組織的な集団施設教育を経験するのが常でした。

第二次世界大戦後、現在の法体系の下に併立するようになって以来、高度経済成長とともに両者への需要が高まり、施設数も就園児数も飛躍的に増大して、昭和五十年代には、小学校入学児童のほとんどすべてが保育所・幼稚園いずれかの保育を経験した者になりました。

その間、保護者の事情が異なったとしても同年齢の子どもの受ける教育は同じでなければならないという考えが強まり、これを受けて一九六三（昭和三八）年には文部省と厚生省の両局長名で「幼稚園と保育所の関係について」という共同通達が全国の知事に出され、保育所のもつ機能のうち教育に関するものは幼稚園教育要領に準ずることが望ましいとされました。これにもとづいて一九六四（昭和三九）年に公示された幼稚園教育要領と翌年に通達された保育所保育指針以来、三歳以上の保育内容についての共通化が図られています。

また、保・幼いずれかを経て小学校へ上がる率が百パーセントに近くなったのですが、その内訳は各都道府県によって大きく異なり、幼稚園未設置市町村が一〇〇〇を超えるなど、保育所と幼稚園が地域的に偏在していることが一九七五（昭和五〇）年に行政管理庁から指摘され、文部・厚生両省は「幼稚園及び保育所に関する懇談会」を設置、一九八一（昭和五六）年に報告を得ました。それによって、幼保一元化は困難であるが、運用の強力化、合同研修、地域における調整のための連絡会開催などによって共通化が図られるべきことが提案され、この方向は一九八七（昭和六二）年の臨時教育審議会の答申に受け継がれ、さらに一九九四（平成六）年の文部、厚生、労働、建設の四大臣の合意によって策定されたエンゼルプラン「今後の子育て支援のための施策の基本的方向について」にも引き継がれて、幼稚園におけるいわゆる「預かり保育」などの認知につながっています。

■長時間・長期間保育の問題点

保育所の普及した都道府県では幼稚園が少なく、幼稚園の普及した都道府県では保育所が少ないが、両者を合わせると一〇〇パーセントに近い就園率になっているという実態は、制度上の相異を越えて、両者がいわゆる「保育ニーズ」を相互補完していることを示しているといえるでしょう。

その現れとして、幼稚園教育要領の四半世紀ぶりの改訂（平成元年）のために行った全国八〇〇園の無作為抽出によるアンケート調査においても、四時間という保育時間の延長を求める声が少なからずあり、改めて適正な保育時間についてのデータを集め、専門家による研究協力者会議で集中審議されました。その結果、配慮の行き届いたよい保育の場合でも、幼児は心身を活発に働かせるなどして疲れ、四時間を過ぎるとデメリットがメリットを超えることが再確認され、「一日の教育時間は、四時間を標準とする」ことについては変更されませんでした。

平成一一年の改訂に於てもこの原則は守られましたが、これとは別に「特に留意する事項」の（6）として「地域の実態や保護者の要請により、教育課程に係る教育時間の終了後に希望する者を対象に行う教育活動については、適切な指導体制を整えるとともに、（中略）教育課程に基づく活動との関連、幼児の心身の負担、家庭との緊密な連携などに配慮して実施すること。」との一項が加えられました。これがいわゆる「預かり保育」です。

前回改訂当時開かれた日本保育学会のシンポジウムで幼保の問題が論じられた際、保育所に精しい女性研究者が「いま長時間保育の弊害が問題になっていますが、私はさらに長期間保育が問題だと思います。幼稚園では、たとえ悪い保育を受けても一日四時間、長い夏休みをはじめ学校と同じお休みがたくさんあって最長三年間ですからその弊害は少なくて済みますが、保育所へ乳児から入れられた子どもは長いお休みもなく毎日六年間、いちばん大切な乳幼児期を悪い保育にさらされることになり、その弊害はぞっとするものがあります」と発言され、会場が失笑のあとシーンとなったことがあります。

「保育ニーズ」とは本来、子どもの一生にとってのニーズであるはずなのに、もっぱら保護者のニーズとしてのみ扱われる昨今への警鐘でありましょう。

将来保・幼は一元化し、子どもにとって必要な最善の時間を共通のものとし、それを超える時間については、保護者の真の必要に即して自由に延長し、それを支える保育者がオーバーワークにならない配慮を十分にして、暖かい家庭的な雰囲気での園生活を保障するべきと考えます。

■「根」を深く伸ばす幼児期の保育　その上に「幹」を立てる学校教育

保育所・幼稚園における保育で最も大切なことは、生涯における人間形成の基盤をつくることであり、その中核は、一生の人格形成に大きな影響を与える原体験による学習です。幼児期の発達課題は、人間やこの社会に対する愛情と信頼感。自分で考え、行動し、責任をもつ自立感。自分で自分をコントロールする自律感。そして、初めてのことはうまくいかないが、何度もやっていると必ず上手になるという有能感。これらを身につけることです。

これらのことは目に見えるものではありませんが、直接には児童期の学校生活を、そして生涯を支える力となる点で「根」に当たります。それを育てる保育も、決してすっきりしたものではなく、根のように太く細くからみ合い、泥だらけで複雑です。

これに対して学校教育は、「指導」の項で述べているように、自発的学習の限界を広げ、順序よく基礎基本から系統的な学習を準備することによって、これまでに築き上げてきた人類の文化を能率よく身につけ、さらにそれを発展させる力を養うことを主眼とします。いわば目に見える知識・技能・態度の習得が大きな目標となります。したがって、幼児期に培った「根」の上に、しっかり上を向いて立つ「幹」に当たります。

こうして幼児期の保育と学校教育で育てられた力を文字通り「根幹」として、そこから枝を伸ばし、葉を繁らせ、花が咲き、実がなる――これが生涯学習の体系を樹木にたとえた構造です。下から原体験学習、系統学習、応用学習を中心とする積み重ねといってもいいでしょう。

園における保育と小学校教育との接続で最も大切なことは、両者がそれぞれの役割を正しく評価し、尊重し合うことです。「原体験」の項でも述べているように、わが国では教育といえば学校、学校といえば授業——という通念が支配的であるための誤解が根づよくあります。根と幹は逆方向に伸びますが、これほど緊密な連携はなく、両者は一つの生命体として支え合っているのです。「しっかり根を張らせておいてください」「しっかり幹を立ててください」と相互に信頼し合い、励まし合う関係が本当のものでしょう。

こうしたことを話し合い、相互理解を深める共同研修が一層充実される必要があります。具体的には次のような事柄の共通認識を欠くことはできません。

【入学までに】

○ 自分の思いを自分なりに先生や友だちに伝えることができる。
○ 先生のお話は、よく聞かなければ損だという経験を積む。
○ 初めてのことはうまくいかないが、何度もやると必ず上達するという自信をもつ。
○ 友だちと助け合うと、一人でやる以上によい結果を生むことを経験する。
○ 式などの行事で、小さな紳士淑女として振る舞うことの楽しさを経験する。
○ 学校へ上がったら遊びではなく勉強をするんだという期待と誇りをもつ。

【新一年生】

○ 学校の先生も、これまでの先生と同じように優しく信頼できることを感じさせる。
○ 例えば「今日から習う字が本当の字よ」と言って鉛筆のもち方、筆順、筆法など正確に大きく板書するなど、未習既習を問わず、遊びから学習への転換に新鮮な誇りを与えて一斉にスタートを切る。
○ よくない意味での子ども扱いをせず、年長組以上の役目を与え、それを評価する。

優越感（superiority complex）と劣等感（inferiority complex）

コンプレックスという心理学特に精神分析の用語が一般に普及して、「語学コンプレックス」とか「スポーツコンプレックス」というように、ちょっとした苦手意識の表現にも用いられています。

本来コンプレックスとは、抑圧されて無意識のうちに形成された観念の複合で、情緒的に強く色づけられた心の中のしこりのことです。特に劣等感（インフェリオリティ・コンプレックス）を指す場合が多いのですが、私はそれも優越感と表裏一体をなすものと見ています。

■成人病の先生は小児科の先生より偉いか

世間には、保育所や幼稚園の先生よりも小学校の先生の方が偉いと思っている人がいます。そういう人に限って小学校よりも中学校の先生、中学より高校、高校より大学の先生の方が偉いと思っていると見て間違いないようです。

もし教師自身がそのように思っているとしたら悲劇です。本当は中学の先生になりたいのに、仕方なくこんなガキどもを相手に、という先生に六年間世話になる児童は可哀相ではありませんか。高校教師になれないからやむを得ずこんな生意気な連中を相手に、という先生に指導されたら、中学は荒れて当然でしょう。そうではなくて、自分は児童の教育に一生を捧げたいという人が小学校の教師に、揺れ動く思春期の少年少女と生活を共にし、支えになってやりたいという人が中学校の教師になるべきです。

私は保育者を小児科医にたとえることにしています。両者とも、子どもをよくする人です。それも、子ども自身の生命の働きを十分に研究し、それがよりよく働いて子どもがよくなるように条件を整えることによって、子どもをよくする人です。成人を対象とする医師は内科（それも循環器系、呼吸器系、消化器系神経系等々細分化されている）、外科をはじめ専門が分化していますが、小児科医は内科、外科、耳鼻科、皮膚科、泌尿器科、眼科……等のすべてに通じた上に、子ども特有の生理、病理、心理を知らなければならないのです。子どもに対しては十分な問診もできず、みたて違い（誤診）をすれば始まったばかりの人生をすべて失ったり重い後遺症を残す恐れがあります。中学校以上が専科制であることを含めて、医学と教育の世界に共通する点は多いのです。

成人病の先生がいちばん偉く、小児科の先生は程度が低いなどと思う人はいません。あくまで専門の違いであって優劣の問題ではないはずです。

県立に勤め、国立と私立の非常勤をした時のことです。それぞれいい大学でしたが、私立の学生が県立を羨ましいと言ったので、県立の学生にそう言うと、国立へ入りたかったのだと言う。国立でそれを言ったら、東京の大学へ行きたかったと言うので驚きました。

たまたま行ったことのあるロスアンジェルス市内の三つの大学、UCLA、CALSTATE、USCの学生にそのような意識は全く見られませんでした。彼らも市民もわが街のLA交響楽団をこよなく愛し、ウィーンフィルが来訪公演した時も、ほかの街にも素晴らしい楽団があるのはいいことだと讃えていました。

すべてを序列で考え、上に対する劣等感を下に対する優越感で補うのは不幸です。自信がない人は上に対して卑屈で、下に対して威張りたがります。こうした悲しい性《さが》は、よくない教育によって形成されます。

■優越感と劣等感をバネにした教育はもうやめよう

長い封建社会の秩序は、君臣、父子、男女等、すべて上下関係で、上位の者に対する絶対服従によって保たれました。人権の平等を前提とする民主的道徳とは異なり、常にどちらが上か下かを意識し行動させられました。

明治以降、身分差別に代わって競争原理が導入されましたが、その結果は学歴偏重の立身出世主義に陥りました。一律一斉に共通のものを教え込み、唯一の価値基準で評価するという教育は、差別と偏見を生み、助長する結果をもたらしました。みな同じことが同じにできなければならないとすれば、できない子は軽蔑されます。少しでも同一基準からはずれれば、のろま、きたない、くさいといった差別につながっていきます。デブもチビもノッポもそうです。

より細分化された差別は、人間の序列化です。テストの成績によって首位から最下位までが決められ、一位でも上に昇ることが奨励されます。こうした競争心を刺激して効果を挙げようとした結果、子どもたちを不幸にしたことは少なくありません。かつて両親と祖母を殺した中学二年生が、「テストがクラスの平均点以下だとお小遣いがもらえなかった」と述べたと報じられたことがあります。

全国のあらゆるクラスに、平均点以下の子がほぼ半数はいるのです。日本の子どもの半分は、お小遣いをもらう資格がないのでしょうか。一律一斉の教え込みと単一の基準によるテストという教育の構造では、教師の指導力は担当したクラスの平均点で量られることになります。平均点を上げてくれる子はよい子、下げてくれる子は困った子、ということになれば、本当は先生の愛情をいちばん必要とする困った子の救いはどこにあるでしょう。

こうした教育は、個人の問題にとどまらず国際的な差別や偏見にもつながるものでした。欧米の先進諸国に追いつき追い越せという意識は、先進国に対する劣等感から出発していますから、何とか優越感をもとうとして神国日本、鬼畜米英という教育になり、さらに一歩先進国に近づくと、周囲の国を蔑視しました。かつて日本の文化に大きな貢献をしてくれた中国や朝鮮の民族・国家に対する差別や偏見は、すべてこうした教育の延長上にあるといっていいでしょう。

■はるかに純粋な幼児の向上心こそ私たちのお手本

「園長先生見て。前回りができるようになったよ」「園長先生ほら、スキップができた」——園にいると毎日何べんとなく子どもたちから、自分が新しくできるようになったことを見てほしいと言われました。面白いことに、彼らは友だちより早くそれができたというわけでも、遅ればせながらみんなに追いついたというわけでもないのです。すべて、自分ができるようになりたいと思ったことができたという喜びの訴えなのです。

「学ぶとは、なりたい自分を見つけ、それに向かって努力することである」ことの実証を見る思いでした。彼らは一番になりたいとか、ビリはいやだとは本来思っていないのです。人との比較ではなく、自分が発達することが何よりうれしいのです。

このまま素直に育ったら、どんなに素晴らしい人生が送れるでしょう。友だちや先生のいいところを見つけては、そうだ、ああなりたいと思い努力する。そして少しでも進歩したことを何よりも喜ぶ――これこそ生涯学習社会に生きる幸せの秘訣かも知れません。

私たちがもっているいろいろなコンプレックスは生来のものではないのです。「人間は周囲の評価に合わせて自己を形成する傾向をもつ」ことも指摘されています。「器用」だと言われれば得意になってしますからますます器用になり、「不器用」と言われれば自分はだめだと思ってしなくなり不器用で固まります。

運動会には競争がつきもので、どう考えてもいちばん足の遅い子に対して、「さあ、一等めざして頑張って」「残念だったわね、今度こそ頑張ろうね」と言い、オリンピックの真似をして一、二、三等を表彰しつづけるのはナンセンスというものです。人よりも速く走る子に育てるのが教育目標なのでしょうか。人より少しでも速く走る必要のあるのは、プロのスポーツ選手のほかは、泥棒と警官ぐらいのものです。では、走らなくていいのか。そんなことはありません。走るのは楽しい、特に全力を出して走るのはとても楽しい、という体験を十分にさせる必要があります。順位が問題ではないのです。

子どもたちと相談しながら、園の運動会の種目を見直して内容を工夫した結果、「得意わざ」を披露する時間が生まれました。「次はなわ跳びです」進行係の子どものアナウンスがあると、自分がなわ跳びを得意だと思う子はみんなロープを持って登場し、音楽に合わせたり合わせなかったりそれぞれ跳びます。中に体の大きな年長のA君がひときわ目立ちました。A君はロープを自分の前に回すと、自分がそれを跳び越えてはまたロープを回します。なわ跳びとは言えない状態ですが、前の週までは全然できなかったのを、その方法を見つけて得意になってやっているのです。客席から大きな拍手が湧きました。運動会を終わって二週間後、A君は二重跳びまでできるようになりました。

ダメだから頑張れ、と言われて頑張る子はいません。人と比べるのではなく、自分が伸びるのが楽しいから頑張るのです。

反対に、エライ、エライとほめられて育った子は、いつも人にほめられていないと気が済まず、人を見下すのが快感で、人がほめられたりすると恨みに思うようなイヤなやつになります。少しも幸せではありません。

世の中には色の白い人も黒い人も、背の高い人も低い人も、ふとった人もやせた人も、気の短い人も長い人も、頭の回転の速い人もゆっくりな人も……と無限といってもいいほど多様な属性をもった人がいます。また、日本の文化と中国の文化とアフリカ、ヨーロッパ、アメリカの文化等の特性を比較することはできても優劣を決めることなどナンセンスです。地方文化のトータルが世界の文化で、どんなに規模の小さな国にも素晴らしい人生があるのです。

落ちこぼれに始まり、家庭内暴力、校内暴力、いじめから学級崩壊に至る教育問題から、二十一世紀の人類の運命にまで、この優越感と劣等感のことが深くかかわっていることを指摘しておきたいと思います。

〈総括〉生きること（自立）にとどまらず、愛すること（連帯）の能力を

二十一世紀はどのような時代でしょうか。その中で生き、同時に新しい時代の社会をつくり出すはずの今の子どもたちに、どんな大人になって欲しいか。これは夢物語ではなく、切実な緊急の課題です。教育は、自覚すると否とにかかわらず、ある人間像を目標に行われます。前近代的な封建制社会が何百年も続いたのも、無謀な大戦を全滅寸前まで遂行したのも、すべてそのような社会を積極的に受け入れ、推進する人間を目標とした教育が行われた結果にほかなりません。戦後、現在の状況もまた同様の経過、つまり目標となる人間像の変化によるものと見ることができます。まずこうした教育の流れを大きく振り返ってみましょう。

■絶対的なものへの「依存」――前近代社会の教育

領主を中心とする封建社会も、統一国家としての絶対主義社会も、その体制の安定がすべてに優先す

るので、知足安分、感謝報恩（境遇や身分に不満をもたないで感謝し、その恩に報いる奉仕をすること）の人間が求められました。平等の人権などは最も危険な思想として弾圧され、人間関係は上下、尊卑というタテの関係で、君臣、主従、父子、兄弟、師弟、夫婦、男女などの差別を前提として秩序を保つものでした。わが国の場合、明治維新によって、既に近代化が進んでいた欧米にならい、一君万民、四民平等の立憲君主国になりましたが、人間を上下関係で見る差別は改善されませんでした。親絶対、教師絶対、お上絶対、つまり、親や先生やお上は絶対に正しいのですから絶対に服従しなければならない。しかし、素直に服従すれば可愛がってくださる、という考えです。大日本帝国の臣民は「天皇陛下の赤《せき》子《し》」と表現されていました。

学校教育の現場でもそうでした。小学校の図画（現在の図工）の時間の多くは教科書の絵の模写でした。私たちが使ったのは国定第四期の教科書で、色刷りのクレヨン画のページを先生に指定されて開き、「このお手本がいちばんいい、美しい絵です。この通りに描くのですよ」と言われるのですが、子どものことですから、花の色を変えたり、数をふやしたり、富士山の絵にお日さまや飛行機を描き込んだりしました。これらは画面に大きな×がつけられて叱られ、お手本そっくりの絵が貼り出されてほめられました。

今の図工や美術の教育は、そうではないはずです。「何かを見て、その絵を描くのだったら、それを見てどう感じたか、それをどう表現するか、それが工夫のしどころです」――つまり、自分のフィーリングを何より大切にする感性と表現の教育です。

自己をむなしくして絶対的なものを受け入れる教育から、自己を尊重し、主張する教育へ。これは明らかに教育の近代化でありました。

■「自立」を中心とする個人主義と合理主義の近代

(1) 社会の発展とその限界

フランス革命によってもたらされた個人主義の社会、産業革命によって決定的となった合理主義の社会、この二つが近代の特質といえるでしょう。これまでの前近代社会にあって、権力や体制に依存し奉仕する存在でしかなかった個人こそ最も尊重されるべき存在となり、よい社会とは、その社会に属する個人が幸せな社会であり、個人が犠牲になる社会はよくない社会であるという理念のもと、個人の幸福が迷信や慣習から解放されて科学的合理的に追求されるようになったのですから、心ある人々の多くが、これでユートピア(理想郷)が生まれると信じたのも無理ないといえます。

現に、自由・平等の人権保障の拡充、生活水準の向上など、独裁体制や発展途上国の近代化は一層推進されなければならないといえます。

しかし、法制上の民主化と物質文明の発展に大きな成果を挙げながら、個人主義・合理主義の近代社会はたちまち行きづまりました。それは次の三点に顕著に見られます。

第一は、自由競争による格差の拡大です。例えば、平等の資金で開業した店も、初めは経営者の才能や努力に比例して利益をあげたとして、立地条件その他で一つの店が売上げを伸ばすと、それによって大量に仕入れることにより良品を安く売ることができてますます利益をあげ、それを宣伝費に用いることでさらに繁昌し、隣の店を吸収合併して規模を拡大し、遂には高給で優秀な経営者を雇い、自分は働かずに雪だるま式に財産のふくらむのを楽しむことができる。一方は生産手段を失い、一労働者として働きつづけるほかはない——これはごく初歩的な自由主義経済批判の図式ですが、この弊害を克服するために生まれた社会主義も、独裁的なソ連と東欧が崩壊して勢いを失いました。

自由と平等は人間の幸福に不可欠な要素です。しかしこの二者は矛盾をはらんでいます。自由にしておくと格差が生じ、平等でなくなります。平等にするには自由を制限しなければなりません。自由主義が勝ち、社会主義が負けたように思っている人がいますが、それは正確ではありません。ソ連や東欧は平等のためと称して自由を奪ったから敗れたのです。日米を含む西欧諸国は、自由を守りながら、格差の拡大を防ぐために社会主義的政策を取り入れて最低限の平等を守ったから生きのびたのです。民間活力に任せる小さな政府がいいか、コントロールに配慮する大きな政府がいいかは、残された課題ですが、個人主義合理主義の自由競争だけでは、優勝劣敗の結果悲惨な人々を多くすることになります。これは国家間の格差、いわゆる南北問題についても共通する問題です。

第二は、人間疎外の問題です。

一九三〇年頃、チャップリンが自作自演した『モダンタイムス』という映画には、人間は今機械を使って喜んでいるが、そのうちに機械に使われる身になるだろうということが諷刺されていました。以前の人間は生活するための労働が、農・工・商、いずれも人間的でしたが、大量生産の近代科学工業社会では人間は機械を相手というより、歯車の一つに成り果てて、人間性が疎外されています。

学生の頃のアルバイトに「押し屋」というのがありました。駅のラッシュ時に、客を車内に押し込む駅員の手伝いです。間もなく「はがし屋」と呼ばれるようになりました。それは入口にへばりついた人をはがさないと扉が閉まらず、発車できないからです。車内もホームも人で溢れながら、ぞっとする寂しさを感じたものです。これだけ大勢の人がいるのに、自分と同じことに関心をもち、喜びや悲しみを共にする人は一人もいないのではないかと。大衆社会の中の孤独現象というべきでしょうか。前近代的な農村の人間関係から逃れて都会に出た若者が、ギターを抱えて愛が欲しいとうたい出したのもその頃からでした。

第三は、環境破壊です。

企業は法人、つまり法律上の個人です。個人主義合理主義の近代企業は、何を造るのも自由、何を排出するのも自由、他者には関係ない、という認識が誤りでした。水俣病の有機水銀をはじめ、産業廃棄物がめぐりめぐって人間生命を奪う事態が発生しました。水質汚染は河川から海洋に及び、環境ホルモンが異常な生物を生み、分解されない化学製品が海の浄化能力を奪っています。生命の母体である海の死滅は地球の死を意味します。

工場や自動車の排気ガスによる大気汚染は光化学スモッグの段階を超え、化学製品焼却で発生するダイオキシン等と共に人々の健康をむしばみ、フロンガスは紫外線を防ぐオゾン層を破壊して皮膚ガンの危険を招き、二酸化炭素は地球温暖化を招いています。

大気汚染から来る酸性雨のほか、乱伐、乱開発による熱帯雨林の減退と比例して地表の砂漠化が進み、石炭・石油・天然ガス等の地下資源も底をつきつつあります。エネルギーは不滅でも、使うことによって使えなくなるというエントロピーの法則は絶対です。さらに、原子力と並んで遺伝子操作のバイオテクノロジーは、有効性と危険性が併存し、想像を越える問題を内蔵しています。

（2）「自立」というより孤立のエゴに

さらに、教育の近代化もまた、極度に自己中心的な人間をつくりだす悲劇を生みました。

ルソーの、人を支配せず、人に支配されない、という教育理念は、自分で考え、自分で行動し、自分で責任をもつ、という「自立」の教育を促しました。これは必要なことです。権力に依存せず、主体者として自立するのでなければ人間として成長したとはいえません。そのためにこそ自分のフィーリングを大切にする教育が行われたのですが、困ったことに自分の感覚のみに敏感で、他者の感覚に鈍感であったり、拒否したりする人を多くしたことも事実です。

以前、交通関係の警察の人から聞いた話ですが、物見高いのは人の常で、事故が起こると野次馬が集まる。重傷者がいるが救急車が来ない、無電で連絡して救急病院は待っているが、パトカーは現場を離れる訳にはいかない、というような場合、集まった人たちの協力で搬送し、おかげで助かることがあったのだが、近頃はその協力が得られなくなり、助かる人が助からないようになったというのです。その対談の直前にもそうしたケースがあって、のぞき込む若者に協力を依頼したところ「オレ関係ねえだろが！」と叫んで自分の車に飛び乗って急発進、勢い余って自損事故を起こした。警官が駆けつけると早く自分を病院へ運べと泣きわめいたというのです。自分は自分、人は人、という主義ならまだしも、余りにも自分勝手だということでした。

学生運動が活発だった頃、非常勤講師を務めていた国立大学の教育学部が封鎖され、理論闘争のための学習と称する自主講座に招かれました。つまり私はウケがよかったのです。その私が講義を始めると、彼らにとって都合のいい話の時は拍手して「そうだそうだ！」と歓声をあげ、都合の悪い話になると「ナンセンス！」「引っ込め！」「帰れ！」の怒号です。私は「バカ者。自分の知らないことや、自分と違う考えを聞くから勉強だ。知ってることや同じ考えばかり聞いて喜んでいたら前進どころか退歩の一途だぞ」と言って話しつづけました。彼らは今のノンポリ学生たちより遙かに純真で、大学や日本の民主化のために真面目に闘ったと思います。しかし悲しいことに、状況認識や戦略戦術などで、自分と少しでも違う仲間を許すことができず、鉄パイプで血で血を洗う内ゲバを始めました。こんなに辛いことはありません。小異を措いて大同に就くのでなければ運動の輪は広がらないのに、小異にこだわって同じ志をもつものが分裂したのでは結果は無惨です。

こうした例を引くまでもなく、現在の社会問題の底流として、人々の心に排他性、孤立感が深く宿り、戦前より遙かに高い生活水準に達しながら、他殺、虐待、離婚、自殺などの悲劇が増大しているのは、すべて個人主義・合理主義の近代社会と、自立を究極の目標とする教育の結果だと考えられるのです。

■現代が求める人間の成長

（1）自己愛とその拡大の重要性

「私はあなたを愛します。あなたなしでは生きていけません」ということばは矛盾に満ちています。「愛する」ということは、そのもの（愛の対象）の幸福を願う行為であるはずです。あなたが自分の幸福のために必要だ、ということは、自分を愛していることにほかならず、少しもあなたを愛していることにはならないではありませんか。これは単なるあげ足取りではなく、つきつめて考えると、人間は自己を愛することしかできぬ悲しい存在です。しかしこれは、自分の一生に最期まで責任をもって生きるために神から与えられた自己保全の本能で、これは生きる力の根源ともいえます。この自己愛を否定したら、人類の歴史に逆行し、人権無視の前近代に戻ります。

問題は、自己愛のかたまりである人間が、どうしたら他を愛することができるか、です。私は、相手を他人事《ひとごと》でなく、わがことと思うことだということを主張しています。

愛の典型として挙げられる母性愛や恋愛に共通するものは何でしょうか。いのちのつながり（連帯）です。いのちが一つであった母子の愛、いのちが一つになることを求める男女の愛。そうでない場合でも、実の親、わが子、母校、職場などについてお世辞でもほめられればうれしく、たとえわかっていても悪く言われれば悲しいのは、自分がほめられたり悪くいわれたように感じるからです。好きな選手やチームの勝敗に一喜一憂したり、愛玩動物の病気に心を痛めたり……私たちの精神生活は、頼まれもしないのに、そのものの幸不幸と自分自身が生命的につながって感じられる状態が少なくありません。他を愛しているという客観的なものではなく、わがこととして愛しているのです。

自分の痛みや喜びしかわからない人を人間が小さいと言います。自我がこの自分一個に限られていれば、愛はエゴ以外の何者でもありません。しかし、ただならぬ心の痛みを感じる対象がひろがることは、そのまま自我が拡大されたことになります。家族、友だちから始まり、地域社会、国、世界人類のことがわがことと思われ、すべての生あるものの立ち栄えがわが喜びと感じられる大きな自己愛があります。世界史は、そのより大きなものの苦闘と勝利とによって、ここまで来たといえるのではないでしょうか。

これは、観念的な理想論ではありません。近代の理念の根本にある個人は、支配せず支配されずという「自立」が成立するという認識が前提となっていました。しかし前に述べたように、それこそ観念的だったのです。空気も水もエネルギーも食物も、すべては環境から取り入れ、また環境に返して個人は生きているのです。そういう物理的生理的な要素ばかりでなく、言語をはじめとする多様な文化も、すべて環境から取り入れ、環境に返して生きているのです。つまり、個人の内容は自然的社会的な環境といのちがつながって生きているのであって、主体性の及ぶ範囲という一応の境界はあっても、他から切り離された個人という存在はない、ということが認識されるに至ったのです。

人間が他といのちがつながった存在である以上、いのちがつながった生き方をするのでなければ幸せに生きることはできません。自立をもって人間形成の目標とするのではなく、自立した個人が連帯すること、すなわち、生きること、愛すること、つまり、すべてのものと喜びや悲しみを共にして生きる、より大きな人格への成長を願って教育が行われる必要があります。

(2) 十分な「依存」から「自立」と「連帯」へ

これを図式化すれば、次頁のようになるでしょうか。ポルトマンのいう生理的早産で生まれた人間の赤ん坊の状態は「依存」ということに尽きます。この時に十分な依存を与えることが何よりも大切で、人間や社会に対する愛情や信頼感を原体験から獲得させなければなりません。

十分な依存の中から、子どもは自立に向かいます。自分で考え、自分で行動し、自分で責任をもとうとする自発的使用の原理に沿って、十分に自立の経験を与える必要があります。その途中で、子どもがわがままなとき、それが依存のわがままであれば、依存が足りなかったと思って十分に抱きしめ、自立のわがままであれば、思いきりさせたらいいでしょう。しかしそれが、自分一人だけで、ということであれば、みんなと一緒の方がずっと楽しい、とい経験を与える必要があります。

幼児には、物はみんな生きていて、心があるという心理的特性（アニミズム）があります。トンボをつかまえたら、このトンボさんはお母さんトンボかしら赤ちゃんトンボかしらと話題にしたり、机さんが喜ぶように使いましょうなどと話すことは大切です。一時期、アニミズムは未開人の心性であるから、もっと科学的な指導を、などと言われたことがあります。近代の合理主義の悪い面でした。私は、鳥がかわいそう、魚がかわいそう、森がかわいそうというアニミズムが地球を救うと思っています。

その前提となる近代の意味や限界について詳しく書いたのは、こうした歴史を逆戻りさせるのではなく、二十一世紀に生きる今の子どもたちが、すべてのものといのちを通わせる素晴らしい世界を目前にしているという明るい見通しをもって、しっかり育てられる必要があると考えるからです。

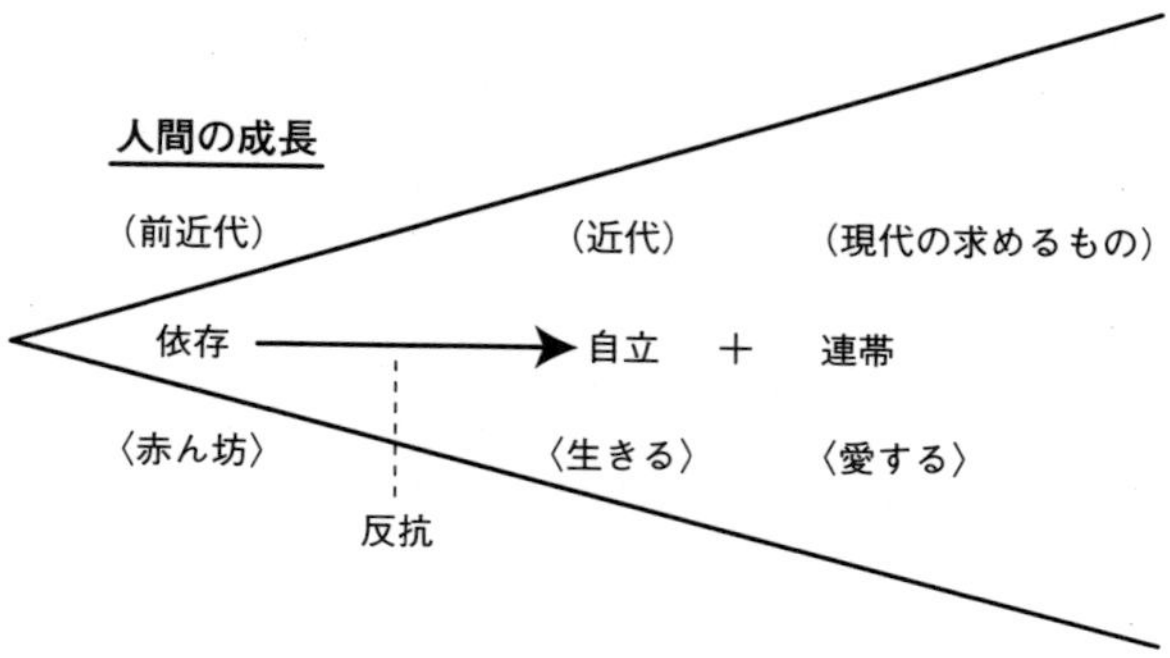

著者紹介

岸井　勇雄（きしい　いさお）

1932年（昭和7年）に生まれ、東京大学大学院人文科学研究科教育学専攻博士課程修了。県立新潟女子短期大学教授、文部省初等中等教育局幼稚園課教科調査官（小学校課併任）、富山大学教育学部教授（同附属幼稚園長併任）、昭和女子大学大学院教授、文学部長を経て現在岸井教育研究所長。日本基礎教育学会副会長。日本乳幼児教育学会副会長。

主な著書に、『幼児期の家庭教育―父母と保育者に贈る45章―』ひかりのくに、『保育実践の研究』（編著）チャイルド本社、『子どもが主役の園生活―プランとアイデアの資料集―』（編著）学研、『これからの保育―幸せに生きる力の根を育てる―』エイデル研究所、『幼稚園教育の進展―時代の変化に対応したあり方―』明治図書、『幼児教育課程総論（第二版）』同文書院などがある。

子育て小事典―幼児教育・保育のキーワード―

2003年3月1日　初刷発行

著　　者　岸井　勇雄
発 行 者　大塚　智孝
印刷・製本　中央精版印刷株式会社
発 行 所　エイデル研究所
102-0073 東京都千代田区九段北4-1-11
TEL03（3234）4641
FAX03（3234）4644

Printed in Japan　ISBN4-87168-353-2 C3037